JUGUEMOS
con SONIDOS y PALABRAS

YVETTE CARTER GALLAND

JUGUEMOS
CON SONIDOS Y PALABRAS

Autora

Yvette Carter

Ilustraciones

Juan Araujo Pettengill

Diseño y diagramación

Rossana Paniagua, Comunicación Visual

Impresión

CreateSpace Independent Publishing Platform

© Yvette Carter, yvettecarter@educandoconexito.com
www.educandoconexito.com

ISBN: 978-1500645274

Primera Edición, Octubre 2014

Impreso en los Estados Unidos

Todos los derechos reservados. Esta obra no puede ser reproducida, ni total ni parcialmente, ni registrada o transmitida por un sistema de recuperación en ninguna forma ni por ningún medio, sea mecánico, electrónico, de fotocopiado, o cualquier otro, sin autorización por escrito de la autora.

AGRADECIMIENTOS

Este libro es el producto del apoyo, presencia y colaboración de varias personas a las cuales deseo agradecer.

Estoy muy agradecida a mis lectores y correctores María Isabel Barreto de Ramírez en Paraguay y Carlos Macchi en Uruguay por el tiempo que invirtieron, los conocimientos, sabiduría y recomendaciones que aportaron, y por sobre todo, su buena disposición en colaborar y apoyar la obra.

Agradezco a Juan Araujo por ilustrar cada juego, a Rossana Paniagua por su trabajo minucioso de diseño gráfico, a Samhara Jara por acceder gentilmente a realizar la foto de la portada con sus alumnos, a Mavi Servin por estar siempre dispuesta a ayudar, y a Isidora de Agüero por cuidar a Camille mientras trabajaba en el libro.

Estoy profundamente agradecida a Raúl, mi esposo, por toda su ayuda a través del proceso de creación de este libro. Fue lector, corrector, consultor y apoyo en todo momento.

Fueron muchos los maestros y maestras que me han recibido en sus salones a través de los años, tanto en Puerto Rico como en Paraguay, a partir de sus clases fui aprendiendo y agregando nuevos juegos y variaciones a mi repertorio. A todos estos maestros que me abrieron las puertas de sus salones de clase doy las gracias.

Finalmente, no puedo dejar de dar gracias a Aquel que me ha dado la oportunidad de viajar e interactuar con tantos maestros en tantas escuelas diferentes y me ha regalado la posibilidad y el gozo de escribir estas herramientas prácticas para maestros.

ÍNDICE

Prólogo 9

Introducción 11

Juegos con sus nombres propios 17
    Chiqui ba bu ¿Cómo te llamas tú? 19
    Estoy pensando… 22
    El dueño de este nombre 25
    Veo, veo… 27
    Son iguales y diferentes 30
    Rimando nombres 35
    Salta tu nombre 37
    Resumen del capítulo 40

Juegos con rimas **41**
    Rimas cortas 43
    Poemas con rimas 47
    Canciones con rimas 51
    Suenan igual al final 54
    Rimando con la rayuela 56
    Encuentra tu par 59
    En mi caja 61
    Cacería de rimas 63
    Completa con una rima 66
    El tren de rimas 68
    Rimas rodando van 70
    Crea tu propia versión 72
    El libro de rimas 75
    Resumen del capítulo 77

Juegos con sílabas **79**
    Lenguaje de robots 80
    ¡Uno, dos y tres! 82
    Marcianos traen regalos 84
    Al ritmo de las sílabas 86
    Escoge de la caja 88
    Rayuela de sílabas 90
    Resumen del capítulo 93

Juegos con sonidos iniciales y finales — 95

- Veo, veo — 96
- Jugando con trabalenguas — 99
- Suenan igual — 102
- El barco está cargado con… — 105
- ¿Cuál pertenece? — 107
- Resumen del capítulo — 110

Juegos con letras — 111

- ¿Cuál letra será? — 112
- Veo, veo… algo que empieza con la letra… — 114
- Mi tía vino de Paris — 116
- ¿Dónde dice…? — 119
- La fiesta de las letras — 121
- Quiero a mi mamá — 123
- Sopa de letras — 125
- Resumen del capítulo — 128

Más juegos con canciones y poemas — 129

- Coreografías con las vocales — 130
- Lectura compartida de poemas y rimas — 132
- ¡A leer cantando! — 136
- Poemas y rimas revueltos — 139
- Cloze de poemas y canciones — 142
- Invención de trabalenguas — 144
- Resumen del capítulo — 147

Conclusión — 149

Fuentes consultadas — 150

Bibliografía — 153

PRÓLOGO

En el contexto de la lengua oral aparece este libro *Juguemos con Sonidos y Palabras* de Yvette Carter que pretende ayudar a los niños de nivel inicial y primer grado en la construcción de la lengua oral y escrita.

Palabras y expresiones son unidades reales en la conciencia de los hablantes desde los primeros años de aprendizaje de la lengua. Las palabras son constituyentes básicos de las frases y oraciones.

Mediante la aplicación de los juegos que propone la profesora Yvette Carter, los niños y niñas serán capaces de cambiar el orden de las palabras, de combinarlas, de formar listas, de separarlas en sílabas, de escribirlas por separado, de usarlas.

Ayuda a conocer una palabra, lo cual implica conocer los fonemas que la forman. Saber reconocerla oralmente y poder pronunciarla en múltiples ejercicios del libro, en forma de juegos.

Los juegos organizados con un criterio fonológico ayudan a la discriminación de sonidos, al reconocimiento de fonemas y grafemas.

La inserción de palabras de su propia producción ayuda al desarrollo de la creatividad y a enfocar la atención sostenida.

El libro no pretende teorizar, sino presentar juegos del lenguaje. Escrito con lenguaje didáctico y sencillo, directivas claras, como planteadas para un taller de lenguaje oral para niños y niñas de corta edad.

Creo firmemente de que el manual será de suma utilidad para dinamizar las clases de los/as maestros/as de nivel inicial y primer grado.

María Isabel Barreto de Ramírez
Docente y escritora

"Un niño aprende a conocer el mundo y a integrarse al mismo paso a paso. Acepta, busca, descubre y ya se expresa por lo que necesita, le agrada o le molesta. Emite sonidos, gorgoteos, llantos y sonrisas. Y así comienza el proceso de la comunicación y la aparición de un lenguaje, sin duda peculiar pero lenguaje al fin. Un día, entre las acepciones llegará a articular ´el conjunto de sonidos articulados con que el hombre manifiesta lo que piensa y siente´. Algo similar ocurrirá con el juego en el responder de las sonrisas, fruncir del ceño y en un momento de su desarrollo arrojar los muñecos, una pelota y buscar recibirla e irá dando señales de que quiere jugar."

Carlos Macchi

INTRODUCCIÓN

Este libro tiene como propósito ayudar a maestros a ampliar su repertorio de juegos que promueven intencionalmente el desarrollo del lenguaje. En muchas instancias, la enseñanza de la lectura, las letras y sus sonidos, lastimosamente, queda encasillada a completar cuadernos y fichas de trabajo. Sin embargo, existen muchas formas de ayudar a los niños, más allá de cuadernos y fichas de trabajo, a enfocar su atención en los sonidos del lenguaje, a desarrollar su comprensión de las letras, sus sonidos y la lectura manteniendo a su vez el gozo por aprender.

Este libro presenta juegos para niños pequeños, diseñados para promover el disfrute del lenguaje, a su vez ayudarlos a enfocar su atención en los sonidos y relacionar las letras con ellos. A través de poemas, canciones, rimas, aliteraciones, trabalenguas y juegos con sonidos, sílabas, letras y palabras los niños y niñas aumentan su conciencia de los sonidos en el lenguaje (la conciencia fonológica) **capacidad clave para facilitar el proceso de aprender a leer y escribir.**

 ## OBJETIVOS DE LOS JUEGOS

Los juegos tienen el propósito de estimular el desarrollo de habilidades como:

- combinar y segmentar las sílabas en una palabra;
- identificar los sonidos iniciales y finales en una palabra;
- familiarizarse con las rimas;
- identificar rimas - palabras que terminan con el mismo sonido;
- reconocer aliteraciones – palabras que empiezan con el mismo sonido;
- crear rimas y aliteraciones;
- reconocer las letras del abecedario por su forma;

- relacionar las letras con sus sonidos;
- comparar y diferenciar palabras por sus sonidos y por el orden de sus letras;
- combinar letras para formar palabras;
- leer palabras.

Esta serie de habilidades ayudan a los niños a comprender cómo funciona el lenguaje escrito, facilitándoles el proceso de aprender a leer y escribir.

 ## CÓMO ESTÁ ORGANIZADO EL GRUPO

El libro está organizado en los siguientes capítulos:

- **Juegos con sus nombres propios:** Se presenta una variedad de juegos que el maestro puede realizar con los nombres propios de los niños en el momento del encuentro mañanero o de rutina. Los distintos juegos enfocan diferentes habilidades con diferentes niveles de complejidad que se pueden ir variando a lo largo del año.

- **Juegos con rimas:** Tienen el objetivo de familiarizar a los niños con las rimas con el propósito de disfrutarlas y a su vez ayudarlos a identificarlas y crearlas.

- **Juegos con sonidos iniciales y finales:** Tienen el propósito de identificar los sonidos iniciales y finales de una palabra; jugar con aliteraciones –palabras que empiezan con el mismo sonido– y crear otras.

- **Juegos con sílabas:** Este capítulo presenta juegos para estimular las habilidades de separar palabras por sus sílabas y de combinarlas para formar una palabra.

- **Juegos con letras:** Presenta juegos para reconocer las letras del abecedario por su forma, relacionar las letras con sus sonidos, identificar palabras que empiecen con una letra determinada, comparar el orden de los sonidos y las letras en palabras escritas, repasar el orden del abecedario y combinar letras para formar palabras.

- **Más juegos con canciones y poemas:** Este capítulo ofrece más ideas de cómo jugar con rimas, poemas, trabalenguas y canciones y cómo un maestro puede utilizar estos géneros literarios con intencionalidad para ayudar a los niños y niñas a profundizar su comprensión sobre el lenguaje oral y escrito y a la vez desarrollar nuevas destrezas de lectura y escritura.

 ## CÓMO UTILIZAR LOS JUEGOS

El libro está diseñado para que los maestros seleccionen los juegos según las necesidades y conocimientos previos de sus alumnos. Las actividades del libro van dirigidas principalmente a niños en nivel inicial y primer grado. No obstante mucho de los juegos también pueden utilizarse con niños mayores que necesitan desarrollar o practicar algunas de las habilidades enfatizadas en los juegos.

Un maestro puede utilizar los juegos de este libro para:

- **Presentar** un nuevo concepto o habilidad
- **Afirmar** un concepto o habilidad
- **Evaluar** la comprensión de un concepto o el logro de una habilidad

Los juegos pueden realizarse en grupos pequeños y grandes. Son ideales para utilizarse en el momento de la rutina o en el encuentro mañanero, en el proceso de una clase o en momentos de transición entre una actividad a otra. Varios de estos juegos pueden utilizarse en rincones, centros de aprendizaje o de manera individual con alumnos que requieran mayor ayuda.

Los juegos pueden adaptarse a cualquier tema que se esté desarrollando en el momento. Ejemplo, se puede variar los juegos con nombres propios a nombres de animales cuando estén desarrollando una unidad o proyecto sobre animales.

Pueden utilizarse tanto en el idioma materno de los niños como en un segundo idioma.

Estos juegos le proveerán nuevas ideas para adaptar, modificar y crear nuevos juegos.

El libro puede complementarse de forma especial con un cd de canciones y 3 sets de láminas ilustradas con fotografías disponibles digitalmente en **www.educandoconexito.com**. Los siguientes íconos indican:

Cd "Sonidos que Juegan"   Set de tarjetas ilustradas

Los encontrarán en los juegos en que pueden hacer uso de ellos, si desea.

Estos juegos le proveerán nuevas ideas para adaptar, modificar y crear nuevos juegos.

 **RECOMENDACIONES**
a tomar en consideración al realizar estos juegos:

- **Asegúrese que los juegos sean divertidos y no causen estrés a los niños.**
- **Motive a los niños a participar, no los obligue.** Algunos contribuirán, otros observarán y escucharán.
- **Participe del juego modelando interés y entusiasmo** por el lenguaje.
- **Responda de manera positiva y entusiasta a los intentos de los niños** por manipular el lenguaje.
- **Recuerde que los niños demostrarán una variedad de niveles de habilidad.** No todos demostrarán competencia inmediatamente en cada actividad. Puede balancear estas diferencias realizando preguntas individuales variando la complejidad del desafío según el alumno de manera que todos puedan sentirse exitosos.
- **Recuerde mantener los juegos cortos y enfocados.** Finalice antes de que los niños y niñas pierdan el interés. Los niños no prestan atención cuando están aburridos y cansados.
- **Finalmente, disfrute y diviértase con los juegos las rimas, canciones y poemas. Estos estimularan la risa, creatividad y experimentación.**

¿POR QUÉ ENSEÑAR CON JUEGOS?

El juego es el vehículo óptimo para el aprendizaje y desarrollo integral del niño. Su ausencia impide el desarrollo de individuos felices, saludables y creativos. Al jugar niños exploran, experimentan e investigan el mundo que les rodea. Es un medio para desarrollar habilidades y conceptos de lenguaje. Al jugar los niños tienen la oportunidad de socializar, intercambiar puntos de vista, practicar e incorporar conceptos y destrezas lingüísticas que a su vez contribuirán al desarrollo de las habilidades para leer y escribir.

JUEGOS CON SUS NOMBRES PROPIOS

Este capítulo presenta una variedad de juegos para utilizar con los nombres de los niños y niñas. Los nombres propios son un gran recurso para estimular a los niños a aprender conceptos sobre el lenguaje escrito. Dado que sus nombres son tan importantes para ellos, estos se convierten en un contexto significativo para estimular el desarrollo de varias habilidades lingüísticas.

A través de los juegos de este capítulo los niños desarrollan y practican habilidades y destrezas como:

- Segmentar nombres en sílabas.
- Identificar nombres por su sonido inicial.
- Identificar nombres por su sonido final.
- Identificar nombres por la rima.
- Crear rimas para sus nombres.
- Reconocer letras.
- Relacionar las letras con sus sonidos.
- Identificar nombres por su letra inicial o final.
- Comparar y diferenciar la escritura de sus nombres.

Los juegos del capítulo poseen diferentes niveles de dificultad. Cada maestro debe seleccionar los juegos tomando en consideración los conocimientos previos de sus alumnos. A comienzo del año se sugiere comenzar con las habilidades más sencillas. A medida que los niños demuestran competencia con un juego puede incrementar la dificultad del mismo agregándole un desafío mencionado bajo las variaciones del juego o puede presentar uno nuevo que enfoque en otra habilidad o destreza. Cada tanto vuelva a repetir los juegos ya aprendidos para repasar, fortalecer la destreza en aquellos niños que aún no la hayan logrado o utilícelo como un medio para evaluar el logro de la destreza.

Cuando seleccione el juego tome en consideración que, por lo general, es más fácil:

- identificar el sonido inicial que el sonido final de una palabra;
- identificar el sonido final que el sonido en el medio de una palabra o sílaba.
- identificar el sonido que el nombre de la letra.

Recuerde mantener los juegos cortos y enfocados.

Finalice antes de que los niños y niñas pierdan el interés.

CHIQUI BA BU
¿CÓMO TE LLAMAS TÚ?

OBJETIVOS

- Segmentar los sonidos al aplaudir **las sílabas** de su nombre.
- Comprender de que una palabra contiene varios **sonidos**.

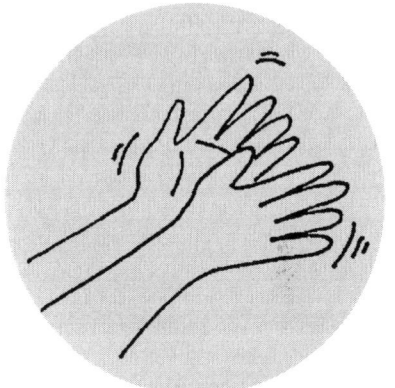

DESCRIPCIÓN

A través de este juego los niños se presentan de manera amena. Toman turnos para preguntarse unos a otros sus nombres con un ritmo divertido. Cada niño debe decir su nombre silabeando y aplaudiendo cada sílaba. Todos lo repiten.

SECUENCIA

| Los niños se sientan en un círculo. | La educadora modela el juego. | Los niños repiten el nombre de la maestra silabeando con palmadas. | La maestra escoge un niño. | El juego vuelve a iniciar con el niño escogido. | Todos repiten el nombre del niño silabeando con palmadas. | El juego continua hasta que todos se hayan presentado. |

 ## PROCEDIMIENTO

1. Los niños/as se sientan en un círculo para que todos se puedan ver.

2. La educadora inicia y modela el juego añadiendo un ritmo divertido a sus palabras: *"Yo me llamo _____ (agrega su nombre)."* Al decir *"Yo me llamo"* se señala a sí misma apuntándose con los pulgares. Al decir su nombre lo pronuncia separando las sílabas y aplaudiendo cada una.

3. Invita a los niños a repetir al unísono su nombre con el mismo ritmo, silabeando y aplaudiendo cada sílaba. Ejemplo:

    Maestra: *Yo me llamo Vic – to – ria*
    Niños con la maestra: *Vic – to – ria*

4. La educadora luego dice con un ritmo contajioso: *"Chiqui ba bu, ¿cómo te llamas tú?* Al decir "tu" escoge a un niño y le apunta con los dos dedos índices.

5. El juego vuelve a iniciarse. Esta vez el niño escogido debe decir su nombre con el mismo ritmo marcado por la educadora: *"Yo me llamo _____"*. Al decir "yo me llamo debe apuntarse a sí mismo con los pulgares y al pronunciar su nombre debe dar palmadas para cada sílaba.

6. La maestra y los demás compañeros repiten el nombre del compañero separando las sílabas y aplaudiendo cada una.

7. El niño que acaba de presentarse apunta a otro niño y le pregunta siguiendo el mismo ritmo: *"Chiqui ba bu ¿Cómo te llamas tú?"*. Continúan el juego hasta que todos se hayan presentado.

 ## VARIACIONES

Presentarse en ronda

La maestra inicia el juego y le pregunta el nombre al niño que está a su izquierda. El niño que está a su izquierda se presenta y le pregunta al compañero que está a su izquierda y así sucesivamente.

Contar las sílabas

Una vez que los niños y niñas se demuestren competentes silabeando y aplaudiendo cada sílaba, preguntar a cada niño cuántas sílabas aplaudió en su nombre, *"¿cuántas sílabas escuchaste?"* o *"¿cuántas veces apaludiste?"*.

Utilizar los apellidos

También se pueden jugar con los apellidos en vez de los nombres.

¡Susúrralo!

Los niños susurran sus nombres a la vez que dan palmadas para cada sílaba.

¡En silencio!

Los niños enuncian sus nombres de forma silenciosa gesticulando su boca cada sílaba.

Adaptar a otros ejes temáticos

Este juego se puede adaptar a cualquier tema que estén estudiando. Por ejemplo, si están estudiando sobre los animales la rima y pregunta podría ser:

> *"Chiqui cha, chiqui cha, chiquiriiiito,*
> *¿Cuál es tu animal favoriiiito?*
> *"Mi animal favorito es _____"*

ESTOY PENSANDO...

 ## OBJETIVOS

El objetivo del juego puede variar según la habilidad que el maestro desee enfatizar. Se puede utilizar para:

- Identificar el **sonido inicial** de sus nombres.
- Identificar el **sonido final** de sus nombres.
- Identificar **la letra inicial** de sus nombres.

 ## DESCRIPCIÓN

Los niños/as intentan descubrir el nombre que el educador está pensando a partir del sonido inicial, el sonido final o la letra inicial del nombre. Se puede variar el juego según la destreza que se desee enfatizar. Las primeras veces se juega a identificar el sonido inicial de la palabra porque identificar el sonido inicial es más fácil que identificar el sonido final de una palabra. Una vez que los niños adquieran mayor habilidad en identificar un nombre por su sonido inicial se puede ir aumentando el nivel de desafío en el juego. Para ello es importante recordar que generalmente:

- es más fácil identificar el sonido inicial que el sonido final de una palabra;
- identificar el sonido final es más fácil que identificar el sonido en el medio de una palabra o sílaba.
- identificar el sonido es más fácil que identificar el nombre de la letra.

SECUENCIA

| Los niños se sientan en círculo. | El educador dice "Estoy pensando en un nombre que empieza con el sonido ___." | El educador pronuncia varias veces el sonido. | Los niños/as intentan descubrir el nombre. | Se repite el juego con otro nombre. |

PROCEDIMIENTO

Con sonidos iniciales

1. Los niños/as se sientan en un círculo.

2. La educadora dice: *"Estoy pensando en el nombre de una niña del grupo que empieza con **el sonido** ___. Levanten sus manos si saben quién es"*. Las primeras veces que juegan la educadora puede pronunciar el sonido de la primera sílaba y a medida que los niños tengan más experiencia con el juego puede mencionar solamente el sonido de la primera letra del nombre.

   Ejemplos:

   Las primeras veces que juegan: *"Estoy pensando en el nombre de una niña que empieza con el sonido ´saaaaa´."*

   A medida que tengan más experiencia con el juego: *"Estoy pensando en el nombre de una niña que empieza con el sonido ´sssssss´."*

3. La educadora repite el sonido inicial del nombre hasta que la mayoría de los niños y niñas levanten la mano.

4. Los niños toman turnos en dar sus respuestas intentando descubrir el nombre que está pensando la maestra.

5. Se repite el juego con otro nombre.

# VARIACIONES

Los niños lideran el juego:

Una vez que los niños hayan jugado varias veces con la maestra liderando, se puede invitar a que ellos mismos sean los que tomen turnos en liderar el juego y decir: *"Estoy pensando en un nombre que empieza con el sonido...."*

Sonido final

Una vez que los niños y niñas hayan jugado varias veces identificando el sonido inicial en el nombre, pueden jugar a identificar su nombre a partir del sonido final. Ejemplo:

"Estoy pensando en un nombre que termina con 'ma'... "¡Fátima!".

"Estoy pensando en un nombre que termina con 'ooo'... "¡Sergio!".

Letra inicial con su sonido:

Una vez que los niños se sientan cómodos y exitosos identificando nombres por su sonido inicial, la maestra puede variar el juego invitando a los niños a descubrir el nombre a partir de su letra inicial. Ejemplo:

"Estoy pensando en el nombre de un niño del grupo que empieza con la letra ´M´, mmmmmmmmm. Levanten sus manos si saben quién es".

Otros ejes temáticos:

Este juego se puede adaptarse a los diferentes ejes temáticos, que estén desarrollando en la clase, utilizando palabras relacionadas al tema de estudio. Por ejemplo:

"Estoy pensando en el nombre de un animal que empieza con el sonido ´ssssss´."

"Estoy pensando en un animal que su nombre empieza con la letra ´c´".

"Estoy pensando en una comida favorita que empieza con el sonido..."

"Estoy pensando en un deporte que comienza con la letra..."

EL DUEÑO DE ESTE NOMBRE

OBJETIVOS

- Identificar su nombre al fijarse en **detalles del lenguaje escrito** como las formas de las letras y el largor de la palabra.
- Identificar los nombres por sus **letras.**

MATERIALES

- Caja para guardar las tarjetas con nombres.
- Tarjetas con los nombres de los niños y niñas.

 ## DESCRIPCIÓN

A medida que la educadora canta y muestra los nombres escritos en una tarjeta, los niños y niñas intentan identificar sus nombres.

 ## SECUENCIA

La educadora canta y muestra el nombre.	El dueño del nombre identifica su nombre.	El dueño coloca su nombre en el panel de asistencia.	Se repite el juego con todos los nombres.

 ## PROCEDIMIENTO:

1. La educadora retira un nombre de la caja de los nombres y les muestra a los niños y niñas a medida que canta:

    ♪♪ *Que levante la mano el dueño de este nombre*
    El dueño de este nombre es..." ♪♪

2. El dueño del nombre lo identifica, levanta la mano, se para y va hasta la maestra para recibir la tarjeta con su nombre.

3. Va y coloca su nombre en el panel de asistencia.

4. La educadora continúa retirando, cantando y mostrando todos los nombres hasta que hayan identificado todos los nombres.

VEO, VEO...

OBJETIVOS:

- Identificar las letras en sus nombres fijándose en sus formas y características.
- Identificar sus nombres por sus **letras y sus sonidos**.

MATERIALES:

- Caja para guardar tarjetas con nombres.
- Tarjetas con los nombres de los niños y niñas.

DESCRIPCIÓN

Los niños deben identificar su nombre en una tarjeta a partir de algunas letras de su nombre y sus sonidos. La maestra muestra y lee una parte de un nombre y tapa el resto. Se puede variar el juego dependiendo la destreza que se desee enfatizar. La maestra puede dejar al descubierto la primera sílaba, la primera letra o las letras finales. Los niños tienen que identificar qué nombre es por las letras visibles.

 ## SECUENCIA:

| La educadora muestra un nombre tapando algunas letras. | La educadora pronuncia y repite el sonido de la letra o de la sílaba. | Los niños toman turnos en dar sus respuestas. | Se repite el juego con otro nombre. |

 ## PROCEDIMIENTO

1. La educadora retira un nombre de la caja de nombres, tapa una parte y deja al descubierto una o algunas letras. Les muestra a los niños y niñas y dice:

    "Veo, veo un nombre… que empieza con la letra 'F', 'ffffffff'. ¿De quién será este nombre? Levanten sus manos si saben quién es".

    "Veo, veo un nombre… que empieza con la letra 'M' y 'a', 'Mmmmaaaaa'. ¿De quién será este nombre? Levanten sus manos si saben quién es".

2. La educadora repite el sonido de la letra o de la sílaba que dejó al descubierto hasta que la mayoría de los niños y niñas levanten la mano.

3. Los niños toman turnos en dar sus respuestas intentando descubrir cuál es el nombre en la tarjeta.

4. Se repite el juego con otro nombre.

 ## VARIACIONES

El nombre de la letra sin el sonido

Una vez que los niños tengan experiencia identificando su nombre a partir de algunas letras y sus sonidos, puede añadir, siguiendo el mismo procedimiento, un grado de dificultad al juego. En vez de mostrar la letra y pronunciar el sonido de la misma, muestre la tarjeta mencionando el nombre de la letra que queda al descubierto sin pronunciarla. Ejemplo: La maestra muestra la tarjeta de un nombre tapando algunas letras y dice:

"Veo, veo un nombre... que empieza con la letra ´F´ y le sigue la letra á´. ¿De quién será este nombre? Levanten sus manos si saben quién es".

Letras finales

La maestra muestra las letras finales de un nombre en una tarjeta y tapa las otras, las lee y pregunta:

Maestra: *"Veo veo... un nombre que termina en 'ando'. ¿De quién será este nombre? Levanten sus manos si saben quién es".*

Niña: *"¡Fernando!"*

Otros ejes temáticos

Este juego se puede adaptar a los diferentes ejes temáticos que estén desarrollando en la clase. Las palabras escritas en las tarjetas serán del tema de estudio. Por ejemplo: tarjetas con nombres de animales, nombres de frutas, nombres de los miembros de la familia, nombres de actividades que realizan en la escuela, etc.

"Veo, veo el nombre de un animal que empieza con la letra ´O´ "ooooooo". ¿Cuál será este animal? Levanten sus manos si saben qué animal es".

SON IGUALES Y DIFERENTES

 **OBJETIVOS**

- Diferenciar **las letras** en sus nombres entre sí fijándose en las formas y las características de las mismas.
- Comparar **las letras y el orden de las letras** en los nombres.
- Segmentar **el sonido** en sus nombres.
- Comparar **el orden de los sonidos** en sus nombres.
- Relacionar **las letras con sus sonidos**.

 **MATERIALES**

- Tarjetas con los nombres de los niños y las niñas.
- Cinta adhesiva.

 **DESCRIPCIÓN**

La educadora utiliza las tarjetas con los nombres de los niños y niñas del salón para guiarlos a observar y descubrir las diferencias y semejanzas entre sus nombres. Este juego contiene variaciones con diferentes grados de dificultad. Los juegos están presentados por orden de dificultad. Para los niños es más sencillo encontrar las diferencias que las semejanzas. Por esta razón, las primeras veces que jueguen invítelos a observar las diferencias. Recuerde mantener los juegos cortos y enfocados. Finalice antes de que los niños y niñas pierdan el interés.

 ## SECUENCIA

| La maestra muestra y pega tres nombres en la pizarra. | Realiza una pregunta. | Los niños y niñas encuentran diferencias y/o semejanzas en los nombres. | Se repite el juego tres veces. |

 ## VARIACIONES

Variación # 1: ¿Qué tienen de diferentes?

1. El maestro muestra tres nombres que comienzan de manera diferente.

2. El maestro pregunta al dueño de uno de los nombres:
   Mira el nombre de Carlos y el tuyo, ¿En qué se diferencian?
   ¿Qué tiene de diferente? Muestrame con el dedito.

3. El dueño del nombre señala y menciona las diferencias que encuentra.

   No hace falta que diga el nombre de la letra lo importante es que perciba la diferencia en las palabras. Cuando tenga más conocimiento del nombre de las letras podrá ir nombrándolas a medida que compara los nombres.

4. El maestro repite el juego tres veces para mantener la actividad corta y enfocada.

Variación # 2: ¿Qué tienen de iguales?

1. Cuando los niños y niñas ya identifican diferencias entre los nombres, el maestro presenta, al igual que en el juego anterior, tres tarjetas con nombres y pregunta:

¿En qué se parecen estos nombres?

¿Cuáles letras tienen iguales? Muestrame con el dedito las letras iguales.

No hace falta que diga el nombre de la letra, lo importante es que perciba la igualdad o la diferencia en las palabras.

2. Manten la actividad corta y enfocada. Se puede repetir la misma actividad en días consecutivos para que todos puedan participar.

Variación # 3: Encontrar nombres que empiezan igual

1. La maestra coloca en la pizarra (o en la alfombra) una columna con siete a diez tarjetas con los nombres de los niños y niñas.

2. La maestra lee los nombres colocados en la columna.

3. La maestra selecciona y señala uno de los nombres. Pregunta por ejemplo: *¿Qué otros nombres comienzan igual que... PEDRO?* Posiblemente los niños señalarán aquellos carteles con los nombres que comiencen con la misma letra inicial: "**P**".

4. La maestra ayuda a los niños a formar una columna con los nombres que inician con la misma letra. Luego lee en voz alta cada nombre de la columna recién formada.

5. La maestra invita a los niños y niñas a buscar otros nombres que empiezan con otra letra. Continúan formando nuevas columnas de nombres que empiezan con la misma letra.

Variación #4: Encontrar nombres que empiecen con la misma sílaba

1. El maestro selecciona nombres que empiecen con la misma sílaba.
   Por ejemplo: MARGARITA-MARTA
                        MIRTA-MIRIAM
                        ELESTE-CELIA
                        CARLA-CARMEN

   Mezcla y coloca las tarjetas con los nombres en la pizarra con cinta adhesiva en una columna.

2. El maestro lee los nombres colocados en la pizarra.

3. Invita a los niños a encontrar nombres que empiezan con la misma sílaba.

4. Ayuda a los niños a formar columnas con los nombres que inician con la misma sílaba. Lee en voz alta cada nombre de la columna recién formada.

5. El maestro invita a los niños y niñas a buscar otros nombres que empiezan con otra sílaba. Continúan formando nuevas columnas con otros nombres que empiezan con la misma sílaba.

Variación #5: Encontrar nombres que terminen igual

1. El maestro selecciona nombres de sus alumnos que finalicen con las mismas letras o sílaba.

2. Coloca en la pizarra en una columna las tarjetas seleccionadas.

3. El maestro lee los nombres colocados en la columna.

4. Invita a los niños a encontrar nombres que terminan con la misma sílaba o las mismas letras finales, por ejemplo:
MARGARITA-MARTA
MARIO-FABIO
CARLOS-MARCOS
ANTONELA-RAFAELA

5. Ayuda a los niños a formar una columna con los nombres que terminan con las mismas letras. Luego lee en voz alta cada nombre haciendo énfasis en la sílaba final.

6. Invita a los niños y niñas a buscar otros nombres de la primera columna que terminan con otras letras. Continúan formando nuevas columnas de nombres.

RIMANDO NOMBRES

 ## OBJETIVOS

- Desarrollar conciencia de los **sonidos finales**.
- Disfrutar de las **rimas** en el lenguaje oral.
- Aplicar los conocimientos adquiridos para crear **rimas** con sus nombres.

 ## MATERIALES

- Caja para guardar las tarjetas con nombres.
- Tarjetas con los nombres de los niños y niñas.

 ## DESCRIPCIÓN

La educadora crea una rima para cada nombre. Los niños y niñas intentan descubrir el nombre que la educadora retiró de la caja a partir de la rima. Este juego es conveniente utilizar una vez que los niños hayan tenido varias experiencias escuchando, recitando y jugando con rimas.

 SECUENCIA

Los niños se sientan en un círculo.	La educadora inventa una rima para un nombre.	Los niños identifican el nombre a partir de la rima.	La educadora completa la rima y los niños la repiten.	La educadora continúa creando nuevas rimas para los nombres.

 PROCEDIMIENTO

1. Los niños y niñas se sientan cerca de la educadora (en un círculo o en la alfombra).

2. La educadora retira un nombre de la caja e inventa una rima con el nombre del niño o niña. Ejemplo:

    "Banana, banana rima con el nombre de…"

3. Los niños y niñas intentan identificar el nombre a partir de la rima.

4. Una vez identificado el nombre, la educadora completa la rima con los niños y niñas. Ejemplo: *"Banana, banana rima con el nombre de… Ana!"*. Los niños repiten la rima.

5. La educadora continúa creando una rima para otros nombres. Puede ser que al comienzo no todos logren identificar sus nombres, en este caso se les ayuda a reconocer los nombres mostrándoles la tarjeta con su nombre.

 VARIACIONES

Si tu nombre rima con…

Invita a los niños a identificar palabras que riman con su nombre, estas palabras pueden ser inventadas. Ejemplo: *"Si tu nombre rima con gatos salta tres veces"*. *"Si tu nombre rima con pironela gira en un círculo."*

Creando sus rimas

Una vez que los niños y niñas hayan tenido bastante experiencia escuchando rimas y jugando a identificar las rimas con sus nombres, los niños pueden tomar turnos en ser los líderes del juego. Ellos pueden crear las rimas para sus propios nombres y la de sus compañeros y compañeras.

SALTA TU NOMBRE

OBJETIVOS

- Distinguir por medio del juego **las sílabas** de su nombre.

MATERIALES

- Tiza o cuadrados de goma eva y cinta adhesiva.

DESCRIPCIÓN

Los niños dicen su nombre dando un salto para cada sílaba de su nombre. Cuentan cuántos saltos dieron. La maestra presenta el juego, dos o tres niños pasan a demostrarlo y luego la maestra les explica que el juego estará disponible en un rincón o en el patio a la hora del receso.

SECUENCIA

La maestra dibuja cinco cuadrados enumerados en el centro del círculo.	La maestra modela cómo saltar cada sílaba del nombre.	Los niños describen lo que hizo la maestra.	Los niños cuentan cuántos saltos da la maestra.	Algunos niños pasan a dar saltos.	La maestra explica dónde estará el juego disponible.

PROCEDIMIENTO

1. Los niños y niñas se sientan en un círculo. En el medio del círculo la maestra dibuja con tiza o coloca unos cinco cuadrados de goma eva (de 30 x 30 cm aprox.) en una hilera, uno al lado de otro, adheridos con cinta adhesiva. Enumera los cuadrados del uno al cinco.

2. La educadora les muestra cómo saltar en los cuadros silabeando su nombre. Dice algo como: *"Yo voy a decir mi nombre lentamente, voy a romper los sonidos de mi nombre a medida que salto en cada cuadrado. Miren cómo lo hago."* Para cada salto dice en voz alta una sílaba de su nombre. *"¡A – LI – CIA!"*

3. La maestra les pregunta: *"¿Qué hice?"* Los niños describen lo que observaron.

4. La maestra vuelve a repetir la demostración, esta vez invitándoles a que observen cuántos saltos da con su nombre. *"Voy a volver a decir mi nombre saltando. Esta vez cuenten cuántos saltos doy al decir mi nombre."* Los niños expresan cuántos saltos dio la maestra.

5. Algunos niños pasan a decir sus nombres dando saltos. La maestra invita a los demás a contar cuántos saltos da cada compañero al saltar su nom-

bre. El propósito es demostrar cómo jugar el juego de manera que puedan hacerlo de forma independiente en el rincón o en la hora del recreo.

6. La maestra explica que el juego estará disponible a la hora del recreo o en un rincón para que puedan seguir jugando con él. Les invita a experimentar con otras palabras también como sus apellidos.

VARIACIONES

Incluir un sobre con láminas junto al juego:

Una vez que los niños hayan jugado saltando sus nombres la maestra puede incluir un sobre con láminas de diferentes objetos junto al juego. Los niños toman turnos retirando una lámina y saltando el nombre del objeto, una sílaba por cuadrado y contando cuántas sílabas contiene la palabra.

Salta hasta la letra...

La maestra escribe o coloca una letra en cada cuadrado. Luego invita a los niños a encontrar y saltar hasta una letra específica. Ejemplos:

"Salta hasta la primera letra de tu nombre."

"Salta hasta la letra con la que empieza el nombre de Federico."

"Salta hasta la última letra que está en tu nombre."

"Salta hasta la letra que suena /ssssss/."

"Salta hasta la letra "R"."

RESUMEN DEL CAPÍTULO

En este capítulo se presentó una variedad de ideas para jugar con los nombres propios de los niños. Estos juegos son ideales para utilizar al iniciar la jornada en el círculo mañanero o también conocido como el momento de la rutina.

Dado que sus nombres son importantes y significativos para los niños estos se convierten en un recurso y medio valioso para aprovechar y utilizar con pequeños para ayudarles a descubrir cómo funciona el sistema del lenguaje escrito. A través de sus nombres y juegos presentados en el capítulo pueden ampliar su conocimiento sobre: las letras, sus características y formas, sus sonidos; las sílabas en una palabra y las rimas.

Cada juego en este capítulo ayuda a desarrollar diferentes destrezas y habilidades necesarias para aprender a leer y escribir como:

- Desarrollar conciencia que una palabra contiene varios sonidos.
- Segmentar los sonidos en sus nombres.
- Identificar el sonido inicial de sus nombres.
- Desarrollar conciencia de los sonidos finales.
- Identificar el sonido final de sus nombres.
- Identificar los nombres por sus letras.
- Diferenciar las letras en sus nombres fijándose en las formas y características de las mismas.
- Comparar las letras y el orden de las letras en sus nombres.
- Comparar el orden de los sonidos en sus nombres.
- Relacionar las letras con sus sonidos.
- Crear rimas para sus nombres.

JUEGOS CON RIMAS

Cuando los niños y niñas tienen diariamente la oportunidad de escuchar, repetir, recitar, cantar y jugar con rimas, poemas y canciones con rimas se benefician de muchas maneras. Estas experiencias les ayudan a:

- reconocer cómo los sonidos se combinan para formar palabras y frases;
- adquirir nuevo vocabulario;
- desarrollar la expresión corporal y la dicción;
- experimentar el ritmo y la inflexión de la lengua;
- incrementar el interés por la lectura;
- mejorar su memoria de corto y largo plazo;
- desarrollar un vínculo afectivo con su maestro o cuidador;
- disfrutar del lenguaje oral y escrito.

A su vez, las experiencias de escuchar, repetir y jugar con rimas ayudan a los niños a enfocar su atención en los sonidos de las palabras, a tomar conciencia, de que las palabras se pueden dividir en partes -habilidades importantes que facilitan el proceso de aprender a leer y escribir.

> Una rima se define como la semejanza o igualdad de sonidos entre dos o más palabras a partir de la última sílaba acentuada. En una rima consonante todas las letras a partir de la última sílaba acentuada coinciden. Ejemplos: camp**ana**, manz**ana**, ban**ana**. En una rima asonante todas las vocales a partir de la última sílaba acentuada coinciden. Ejemplo: c**u**n**a**, d**u**r**a**, pez**u**ñ**a**.

Los niños pequeños están naturalmente interesados en los sonidos del lenguaje, espontáneamente se divierten jugando con palabras conocidas y creando nuevos sonidos y combinaciones. A medida que se convierten en hablantes más competentes juegan con palabras, crean sus propias rimas incluyendo rimas de sonidos y palabras sin sentidos, lo cual les causa mucha gracia. Como educadores podemos aprovechar este interés y entusiasmo natural de los niños por el lenguaje ofreciéndoles muchas oportunidades para jugar con él, sabiendo los beneficios que recibirán para su desarrollo.

En este capítulo encontrará:

- Cómo presentar, enseñar y jugar con rimas cortas, poemas y canciones rimadas.
- Juegos para identificar rimas en palabras.
- Juegos para crear rimas.

La habilidad para identificar las rimas en palabras y crear rimas son destrezas que toman tiempo en desarrollar. **Es importante recordar que antes de invitar a los niños a identificar palabras que riman y crear sus propias rimas deben haber tenido <u>muchas experiencias previas</u> escuchando, repitiendo, jugando, recitando y cantando rimas. Por esta razón, el énfasis en primer lugar debe ser el de familiarizar al niño con las rimas, disfrutarlas y jugar con ellas.** Recién después de muchas experiencias escuchando, repitiendo, recitando y cantando rimas se puede animarles a identificarlas.

Por lo tanto, asegúrese que antes de solicitar a los niños que identifiquen rimas en palabras, estos hayan tenido muchas experiencias previas familiarizándose con rimas - escuchándolas, recitándolas, cantándolas y jugando con ellas. De igual forma, solo después que los niños sepan identificar las rimas en palabras y poesías estarán listos para crear las suyas.

> **Sobre todo recuerde, si usted las disfruta recitando, cantando y creando rimas, ellos también lo harán.**

RIMAS CORTAS

OBJETIVOS

A través de la lectura, recitado y repetición de rimas los niños tienen la oportunidad de:

- Experimentar disfrute por el lenguaje oral al escuchar, repetir, recitar y jugar con las rimas;
- Desarrollar conciencia de cómo los sonidos se combinan para formar palabras y frases (conciencia fonológica);
- Desarrollar conciencia de los sonidos finales y las rimas en las palabras (conciencia fonológica);
- Adquirir nuevo vocabulario;
- Mejorar su memoria de corto y largo plazo;
- Aumentar su interés por la lectura.

SUGERENCIAS PARA
PRESENTAR, ENSEÑAR Y JUGAR RIMAS CON LOS NIÑOS

Lea y recite una y otra vez las rimas

La mejor manera para que los niños aprendan rimas es leerles y recitarles una y otra vez rimas. Son fáciles de encontrar en libros y en internet, y son fáciles de aprender.

Sea dramático al leer o recitar una rima

Use una gama de inflexiones vocales y expresiones faciales y corporales cuando lea o recite las rimas.

Lea cuentos con rimas una y otra vez

Los cuentos rimados familiarizan a los niños de cómo suenan las rimas en un contexto divertido y pertinente.

Agregue movimiento a las rimas

A los niños pequeños les encantan las rimas con acción que involucran todo el cuerpo, o los dedos y las manos. Las acciones les ayudan a aprenderse la rima. Existen muchas rimas tradicionales que involucran juego con los dedos.

Repetir es clave

Al enseñar niños pequeños rimas, la repetición es clave. Repítalas a menudo para ayudar la memorización. Algunos niños las aprenderán enseguida y otros necesitarán más tiempo y práctica.

Mantenga las sesiones cortas, divertidas y pertinentes.

Cuando una actividad es muy larga los niños se aburren, se inquietan y dejan de participar o prestar atención. Finalice antes que los niños pierdan interés.

Permita que los niños completen las rimas

Una vez que los niños conozcan bien una rima detengase antes de pronunciar la rima y permita que los niños la completen. Por ejemplo:

> *"Caballito blanco sácame de aquí. Llévame a mi pueblo donde yo _____."*

Permite que los niños completen la palabra "nací".

Agregue errores para que le corrijan

Cuando los niños conozcan bien una rima, puede agregar intencionalmente algunas palabras incorrectas para que ellos la corrijan. Deberán decir "¡*Bu bu!*" o tocar un instrumento musical cuando escuchan una palabra que no pertenece a la rima y luego decir la palabra correcta.

Cree y utilice rimas para diferentes momentos del día

Puede incorporar rimas sencillas y cortas para cambiar de actividad, iniciar una nueva actividad o recordarles algo que espera de ellos. A estas rimas se les puede agregar una tonada o ritmo. Una vez que los niños las hayan aprendido las recitarán o cantarán con usted.

> *"A guardar, a guardar,
> todo, todo en su lugar".*
>
> *"Debes estar muy atento
> si el profe te cuenta un cuento."*
>
> *"Si eres un niño educado
> lo dejarás todo ordenado."*
>
> *"En el colegio al llegar
> siempre debes saludar."*
>
> *"Cuando quieras hablar
> tu mano debes alzar."*
>
> *"Si ves a un niño solito,
> juega con él un ratito."*
>
> *"Si ayudas a los demás
> muy feliz te sentirás".*

Acompañe la rima con ilustraciones

Utilice ilustraciones para presentar una nueva rima a medida que la recite. Ayudarán a los niños a recordar mejor la letra de la rima y podrán recitarla mirando las ilustraciones.

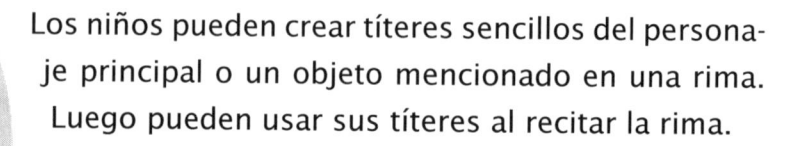

Creen títeres para recitar las rimas

Los niños pueden crear títeres sencillos del personaje principal o un objeto mencionado en una rima. Luego pueden usar sus títeres al recitar la rima.

Para hacer un títere plano simple los niños dibujan el personaje u objeto en una cartulina. Recortan el dibujo por su contorno. Y le pegan un palito de helado con cinta adhesiva al dorso para manipularlo.

Disfruta las rimas

Si demuestra entusiasmo y alegría al compartir, leer y recitar las rimas, de seguro los niños también las disfrutarán contigo.

POEMAS CON RIMAS

OBJETIVOS

Al escuchar, repetir, recitar y jugar con poemas con rimas los niños tienen la oportunidad de:

- Experimentar disfrute con el lenguaje oral – los poemas.
- Reconocer que los sonidos se combinan para formar palabras y frases;
- Adquirir nuevo vocabulario;
- Desarrollar conciencia de las rimas en las palabras (conciencia fonológica);
- Experimentar el ritmo y la inflexión de la lengua;
- Mejorar su memoria de corto y largo plazo;
- Aumentar su interés por la lectura;
- Desarrollar la expresión corporal y su dicción;
- Experimentar las emociones que el poema evoca.

DESCRIPCIÓN

Al compartir poesías con niños **el énfasis debe estar en primer lugar en el disfrute del lenguaje oral** - los sonidos, las rimas, el ritmo y las emociones que el poema evoca. Una vez que los niños hayan tenido muchas experiencias escuchando, repitiendo, jugando y cantando poemas, el educador puede invitar a los niños a identificar las palabras que riman y crear sus propias rimas o versiones del poema. Si el educador siente entusiasmo y alegría de compartir poemas con los niños, el escuchar y recitar poesías se convertirá en una experiencia placentera para ellos.

El educador invita a los niños a repetir, aprender el poema y "a jugar" con él - a dramatizarlo, a repetirlo con diferentes tonos de voz, ritmos, y a crear melodías para cantarlas. Este proceso puede durar varias sesiones. En una sesión pueden escuchar el poema, en otras repetirlo, en otra dramatizarlo, etc.

SECUENCIA

La maestra selecciona un poema con rima.	La maestra lee o recita el poema.	La maestra motiva a los niños a aprender el poema.	La maestra les invita a "jugar" con el poema.	Les invita a prestar atención a las rimas.	Vuelven a recitar el poema de manera periódica.

PROCEDIMIENTO

1. La maestra selecciona un poema con rima.

2. La maestra lee o recita el poema a los niños con ritmo, entusiasmo y dramatismo utilizando inflexiones vocales, gestos y expresiones corporales. Hace énfasis en las rimas.

   Es conveniente que esta sea una experiencia oral para asegurarse que los niños se enfoquen en escuchar. Si lo desea el maestro, puede presentar el poema escrito más adelante.

3. Para ayudarles a aprender un poema corto la maestra recita una frase del poema por vez y los niños lo repiten copiando la entonación. La primera vez la maestra pronuncia lentamente para que los niños puedan

escuchar y aprender las palabras. Las siguientes veces que repitan el poema la maestra podrá ir recitando con mayor velocidad. Aprenderse un poema puede tomar varios días y muchas repeticiones.

Cuando los poemas son largos, motive a los niños a aprenderse algunas líneas o frases repetitivas que puedan recitar.

4. La educadora invita a los niños "a jugar" con el poema variando el tono de voz y ritmo. Les puede invitar a:

    - Recitar con voz suavecita.
    - Comenzar el poema susurrando e ir gradualmente aumentando el volumen de voz.
    - Comenzar el poema con voz fuerte e ir gradualmente disminuyendo el volumen de voz terminando el poema con susurros.
    - Recitar susurrando y las rimas con voz fuerte.
    - Recitar en voz alta y las rimas con voz suave.
    - Inventar diferentes ritmos para el poema..
    - Inventar juntos una melodía para el poema. Luego cantar el poema con la melodía inventada.
    - Inventar y agregarle movimientos.

5. Una vez que los niños conozcan bien el poema la maestra les ayuda a prestar atención en cómo algunas palabras riman, acentuando las rimas al recitar el poema.

6. Vuelven a recitar y jugar con el poema con frecuencia a través del año. La repetición ayudará a la memorización.

VARIACIONES

Tomarse turno para recitar las líneas

Sentar a los niños en círculo. En ronda van recitando una línea del poema por turno.

En ronda una palabra por niño

Sentar a los niños en círculo. En ronda van recitando el poema, por turno, una palabra a la vez por niño.

Utilizar ilustraciones para las diferentes partes del poema

El maestro puede presentar el poema con ilustraciones a medida que los va recitando. Luego invita a los niños a recitar con él a medida que vaya mostrando las ilustraciones. Las ilustraciones ayudarán a los niños a recordar el poema.

Grabar a un niño o al grupo recitando el poema

Una vez que un niño o el grupo se hayan aprendido bien el poema puede grabarles recitando el poema y luego permitirles escucharse a sí mismos recitándolo.

Dramatizar el poema

Muchos poemas se prestan para dramatizarlos y a los niños les divierte mucho.

Crear un libro de las poesías aprendidas

Vayan creando un libro de poesías con las que van aprendiendo en el grado, puede ser un libro grande o de tamaño mediano. Los niños pueden ilustrar los poemas. Pueden guardarlo en la biblioteca del grado y hacer copias del él para enviar las copias a las casas para que los niños puedan leer y recitar los poemas con sus padres.

CANCIONES CON RIMAS

OBJETIVOS

A través de las canciones con rimas los niños tienen la oportunidad de:

- Desarrollar su conciencia fonológica – conciencia de los sonidos finales, las rimas en palabras.
- Mejorar su memoria de corto y largo plazo;
- Experimentar disfrute con el lenguaje oral – las rimas.
- Adquirir nuevo vocabulario;
- Desarrollar la expresión corporal;
- Desarrollar un vínculo afectivo con su maestro.

MATERIALES

- Radio con cd.
- Opcional: Cd "Sonidos que juegan".

DESCRIPCIÓN

Las canciones con rimas son otras maneras de familiarizar a los niños con las rimas y disfrutarlas. Existen muchas maneras de presentar canciones, enseñarlas y jugar con ellas. A continuación se presenta sugerencias y variaciones de cómo presentarlas, enseñarlas y jugar con ellas.

SECUENCIA

| Presente una canción nueva como música de fondo. | Permita que escuchen una canción varias veces. | Los niños repiten las frases de la canción para aprenderla. | Volver a cantarla con frecuencia. |

PROCEDIMIENTO

1. Presente una canción nueva como música de fondo

Antes de enseñar una canción puede colocarla como música de fondo para los niños mientras están entrando al salón de clase o realizando otra actividad. Repítala varias veces. Ellos sin darse cuenta irán internalizando la música, – irán aprendiendo la tonada, el ritmo y hasta algunas palabras de la canción. En el momento que les presente la canción ya estarán familiarizados con ella y podrán enfocarse en las palabras de la misma.

2. Permita que escuchen una canción varias veces

No espere que los niños canten la canción enseguida con usted. Las primeras veces que cante la canción la escucharán y quizás harán los gestos. Después de una o dos veces de escuchar la canción se acoplarán y empezarán ellos también a cantar. Si canta la canción con frecuencia, de a poco, se irán familiarizando con ella y se unirán a cantar cuando estén listos.

Por otro lado, hay canciones activas que no necesitan mucha introducción previa. Los niños simplemente realizan las acciones que la canción les invita a realizar. Cada vez que repitan la canción irán aprendiendo algo más de la letra.

3. Los niños repiten las frases de la canción para aprenderla

Una vez que los niños hayan escuchado varias veces una canción, invítelos a repetir las frases de la canción. Cante una frase, luego invite a los niños a repetirla. Apuntese a sí mismo cuando es su turno para cantar y apunte a ellos cuando es su turno. Pruebe esto una o dos veces para ayudar a los niños a aprender la canción.

4. Volver a cantarla con frecuencia

Los niños menores disfrutan escuchar una y otra vez las canciones que conocen, pueden volver a utilizarlas todas las semanas. A medida de que los niños sean más grandes no se necesita repetir las mismas canciones todas las semanas, pero sí volver a ellas cada tanto.

VARIACIONES

Agregue movimiento con los dedos y manos

A los niños pequeños les encanta las canciones de rimas con juegos de dedo. A medida que cantan la canción hacen los movimientos correspondientes con sus dedos y manos. El maestro puede inventar y agregar movimientos de dedos y manos. Los movimientos ayudarán a los niños a aprenderse la letra de la canción.

Utilice ilustraciones

Algunas canciones que son como pequeños cuentos son más fáciles de enseñar utilizando ilustraciones. Primero puede utilizar las ilustraciones para contar el cuento y luego cantar la canción acompañándola con las láminas. Las ilustraciones ayudarán a los niños a recordar la letra de la canción.

Agregue movimiento con el cuerpo

A la mayoría de los niños les gusta cantar, moverse y bailar con la música. El movimiento hace que la canción sea aún más divertida. Hay letras de canciones que invitan al movimiento. El maestro siempre puede inventar y agregar movimientos o invitar a los mismos niños que creen un movimiento para cada parte de la canción.

SUENAN IGUAL AL FINAL

OBJETIVOS

- Enfocar su atención en los **sonidos finales** de las palabras.
- Identificar las palabras que **riman**.

MATERIALES

- Láminas de objetos cuyos nombres riman.
- Opcional: Set de "100 Tarjetas que riman".

DESCRIPCIÓN

Los niños y niñas parean las láminas de objetos cuyos nombres riman. Este juego se puede presentar de manera grupal y después incluirlo como una opción en el rincón de lenguaje.

SECUENCIA

| La educadora presenta varias láminas de los objetos. | Los niños observan las láminas y mencionan sus nombres. | Un niño escoge una lámina y menciona su nombre. | La maestra les invita a identificar otro objeto que rime. | Otro niño pasa a buscar la lámina que rime. | Continúa hasta haber pareado varias rimas. |

PROCEDIMIENTO

1. La educadora presenta 8 a 10 las láminas de objetos. Cada lámina tiene como par otro lámina de un objeto que sus nombres riman. Ejemplo: campana/manzana, mesa/pesa, casa/taza.

2. Los niños observan las láminas y mencionan sus nombres. La maestra repite el nombre haciendo énfasis en la rima.

3. Un niño escoge la lámina de un objeto y menciona su nombre. La maestra vuelve a decir el nombre enfatizando el final de la palabra.

4. La educadora invita a los niños a identificar la rima del nombre del objeto. Ejemplo: *"¿Con qué sonidos termina manzana?... Con 'ana'!"*

5. Otro niño pasa a buscar su par, otra lámina en donde el nombre del objeto finalice con los mismos sonidos.

    "Juan, a ver si podes encontrar otra palabra que rime con manzana, que termine con 'ana'".

6. El juego continúa hasta haber pareado varias láminas.

VARIACIONES

Incluir láminas de objetos que no riman

Para aumentar el nivel de dificultad del juego se pueden incluir algunas láminas de objetos que no riman entre los pares de láminas que riman.

Escribir el nombre de los objetos

Una vez que hayan encontrado un par de tarjetas que riman la maestra escribe en la pizarra el nombre de los objetos de las láminas y muestra la similitud en las letras finales.

Idea para rincón o centro de juegos con letras:

Una vez que los niños hayan jugado este juego grupalmente y conozcan cómo jugarlo, las tarjetas de rimas pueden colocarse en el rincón de juegos con letras y convertirse en una opción de juego cuando visiten este rincón.

RIMANDO CON LA RAYUELA

OBJETIVO

- Identificar palabras que riman.

MATERIALES

- Láminas de objetos.
- Cinta blanca adhesiva o tiza.
- Piedritas o algún elemento con peso para lanzar.
- Opcional: Set de "100 Tarjetas que riman".

DESCRIPCIÓN

Este juego es una adaptación de la rayuela. Es ideal para el patio aunque también se puede jugar adentro. Utilice cinta blanca adhesiva para dibujar una rayuela en el salón o tiza para el patio. Dentro de cada cuadrado de la rayuela coloque una ilustración. La maestra dice en voz alta una palabra que rima con una de las ilustraciones en la rayuela y el niño tiene que saltar a la ilustración que rime con esa palabra.

Este juego es preferible jugarlo en grupos pequeños para que los niños no tengan que esperar mucho tiempo su turno. La maestra puede demostrar ante el grupo entero cómo jugarlo y luego explicarles que lo estarán jugando en grupos pequeños a la hora de los rincones o en el momento del recreo.

Utilice el mismo diseño ilustrado en el libro para dibujar la rayuela.

SECUENCIA

| La maestra dibuja una rayuela. | En cada cuadrado de la rayuela coloca una ilustración. | La maestra explica y modela el juego. | La maestra dice en voz alta una palabra. | El niño salta hasta el dibujo que rima y regresa. | El juego se repite con otros niños. |

PROCEDIMIENTO

1. La maestra dibuja una rayuela. Puede utilizar cinta blanca adhesiva para dibujarlo en el salón o tiza si lo dibuja en el patio.

2. En cada cuadrado de la rayuela coloca una ilustración de un objeto.

3. **La maestra explica y modela el juego.**

   a) La maestra les explica:

   "Yo les voy a decir una palabra. Ustedes tendrán que observar cuál casilla tiene un objeto cuyo nombre rime con esa palabra. Una vez que lo sepan, deben tirar su piedrita a la casilla con el dibujo del objeto que rima. Luego deberán recorrer la rayuela para buscar su piedrita dar un medio giro y regresar brincando hasta salir de la rayuela."

   b) La maestra modela el juego diciendo en voz alta una palabra que rima con el nombre de uno de los dibujos. Observa los dibujos y articula en voz alta sus pensamientos. Ejemplo:

   "A ver... cuál de estas figuras rima con ´jabón´?... ¡Si, ya sé ´corazón´! Voy a tirar mi piedrita hasta la casilla con el corazón. Debo asegurarme que no caiga sobre la línea."

   c) Lanza su piedrita a la casilla que tiene el dibujo con el cual rima intentando que la piedra caiga dentro del cuadrado sin tocar las rayas externas. La maestra explica que si la piedra no cayera en la casilla correspondiente o tocara la raya pasará el turno al siguiente jugador.

   d) Recorre la rayuela brincando con una pierna sin pisar las rayas, guardando el equilibrio hasta que pueda llegar a la cuarta y quinta casilla donde puede apoyar los dos pies. Luego sigue a la sexta casilla con una pierna, en la séptima y octava casillas nuevamente apoya los dos pies. Ahora tiene que saltar saltar y dar la vuelta sin pisar las rayas y regresar por el mismo camino hasta la casilla donde está su piedrita. Ahí recoge la piedrita. Explica que si pisa una raya pasaría el turno al siguiente jugador.

4. **Los niños toman turnos para jugar.** Para ello, la maestra dice en voz alta una palabra que rima con una de las láminas de los objetos de la rayuela para el primer niño en turno.

5. El niño de turno tira su piedrita hasta la casilla que contenga una ilustración que rime con esa palabra. Y sigue las instrucciones que le modeló y explicó la maestra.

6. El juego se repite varias veces con varios niños.

VARIACIONES

Jugar sin piedritas

Si desea bajar el nivel de dificultad del juego pueden jugarlo sin tener que lanzar la piedrita. Los niños tienen que seguir los mismos pasos de saltar hasta la casilla con la lámina que rima, en vez de recoger la piedrita recogen la lámina. Al salir de la rayuela la entregan a la maestra y la maestra coloca otra lámina en su lugar.

Jugar sin la maestra

Una vez que los niños hayan jugado varias veces con la maestra pueden tomarse el turno de ser "el líder" y decir en voz alta palabras que rimen con los dibujos en la rayuela para que sus compañeros salten a ellas.

Rayuela con palabras

En vez de colocar láminas de objetos en la rayuela, la maestra coloca franjas de cartulina con palabras escritas. Los niños deben leer la palabra para encontrar la palabra que rima.

ENCUENTRA TU PAR

OBJETIVOS

- Prestar atención a las sílabas finales en las palabras.
- Parear palabras que riman.

MATERIALES

- Láminas de objetos cuyos nombres rimen.
- Opcional: Set de "100 Tarjetas que riman".

DESCRIPCIÓN

La maestra entrega una tarjeta con una lámina a cada niño y niña. Cuando la maestra dé la señal, todos deben levantarse y encontrar al compañero que tiene una tarjeta que rime con la suya. Este juego debe jugarse una vez que los niños comprenden qué es una rima y hayan tenido varias experiencias previas reconociendo rimas.

SECUENCIA

| Se sientan en un círculo. | Repasan lo que es una rima. | La maestra explica y modela el juego | La maestra entrega una tarjeta a cada niño. | Los niños buscan el dibujo que rime con el suyo. | Las parejas se sientan juntos en el círculo. | Cada pareja dice en voz alta sus palabras que riman. |

Juegos con RIMAS

PROCEDIMIENTO

1. Se sientan en un círculo.

2. La maestra y los niños repasan lo que es una rima y dan algunos ejemplos de palabras que riman.

3. **La maestra les explica** que entregará una tarjeta con un dibujo de un objeto a cada niño y que deberán encontrar a la persona que tenga una ilustración con un objeto cuyo nombre rime con el objeto de su dibujo. **La maestra modela** como buscar, verificar si la palabra rima y qué hacer una vez que hayan encontrado su par. Ejemplo:

   *"Yo quiero saber si el objeto en mi lámina rima con el de Ana. Voy a ir hasta Ana. Voy a decir el nombre de mi objeto enfatizando el final de la palabra. "panta**lón**". Entonces Ana va a decir el nombre de su objeto enfatizando el final – "ga**to**". Ahora tenemos que decidir si el final de estas dos palabras suenan igual. ¿Suenan igual?... No, no suenan igual así que tengo que irme a otro compañero y repetir el mismo proceso hasta encontrar mi par."*

4. La maestra entrega una tarjeta con un dibujo a cada niño. La maestra da una señal para iniciar el juego, puede ser un aplauso, cantar una canción, poner una música, etc.

5. Los niños se levantan y buscan su par. La maestra les recuerda que para identificar el nombre que rima, deben decir el nombre de sus objetos haciendo énfasis en el final de la palabra y escuchar si los finales riman.

6. Cuando encuentran su pareja regresan a sentarse en el círculo.

7. Una vez sentados en el círculo, la maestra invita a cada pareja a decir en voz alta sus palabras que riman. Los demás deben escuchar y asentir si escuchan la rima. Si no riman la maestra les ayuda a escuchar cómo el final de las palabras que escogieron suena diferente. Y les ayuda a encontrar en el círculo la palabra con la que riman sus láminas.

VARIACIONES

Utilizar tarjetas de palabras

Con los niños que están leyendo la maestra puede utilizar tarjetas con palabras escritas en vez de tarjetas con ilustraciones.

EN MI CAJA

OBJETIVOS

- Enfocar su atención en las sílabas finales de las palabras.
- Mencionar palabras que riman.

MATERIALES

- Una caja.
- Objetos o láminas de objetos.
- Opcional: Set de "100 Tarjetas que riman".

DESCRIPCIÓN

La maestra coloca en una caja varios objetos o láminas de objetos cuyos nombres sean relativamente fáciles de rimar. La maestra retira un objeto de la caja y menciona su nombre. Los niños toman turnos para decir palabras que rimen con el nombre del objeto.

Este juego debe utilizarse una vez que los niños hayan tenido muchas experiencias previas escuchando, recitando, cantando y jugando con rimas, cuando ya comprenden en qué consiste una rima.

SECUENCIA

| La maestra coloca objetos o láminas de objetos en una caja. | Los niños se sientan en círculo. | La maestra dice: "En mi caja hay un _____". | Escoge un niño para crear una rima. | El niño completa la frase con otra palabra que rima. | El niño recibe la caja y saca otro objeto. | El juego se repite varios niños. |

PROCEDIMIENTO

1. La maestra coloca objetos o láminas de objetos en una caja.

2. Los niños se sientan en círculo.

3. La maestra retira un objeto o lámina de la caja y dice: *"En mi caja hay un _____"*. Enfatiza el final de la palabra al decirla. Ejemplo:

    *"En mi caja hay una camp**ana**"*

4. La maestra escoge en primer lugar a un niño que tenga facilidad para encontrar palabras que riman.

    *"Sara, ¿puedes mencionar otra palabra que rima con camp**ana**?"*

5. El niño escogido debe repetir la misma frase completándola con otra palabra que rima. Ejemplo:

    *"En mi caja hay una manz**ana**."*

6. La maestra le entrega la caja al niño que rimó. Él saca otro objeto o lámina y dice la frase *"En mi caja hay un _____"* y completa con el nombre del objeto que sacó. El niño escoge un compañero para identificar otra palabra que rime con la suya.

7. El juego continua de la misma manera repitiendo con varios niños. La maestra mantiene el juego corto y enfocado. Termina antes de que los niños empiecen a inquietarse.

CACERÍA DE RIMAS

OBJETIVOS

- Enfocar su atención en los sonidos finales en las palabras.
- Parear palabras que riman.

MATERIALES

- Láminas de objetos cuyos nombres rimen.
- Opcional: Set de "100 Tarjetas que riman".

DESCRIPCIÓN

El educador esconde tarjetas con dibujos de objetos por el salón o en el patio. Entrega a cada niño o pareja una tarjeta con un dibujo. Los niños recorren el salón o el patio buscando tarjetas con dibujos cuyos nombres rimen con su tarjeta. Si el nombre del objeto no rima deben dejarlo donde está. Los niños regresan y muestran al grupo las rimas que encontraron.

Pueden jugar en parejas o individualmente según la cantidad de niños y la cantidad de tarjetas que tenga disponible.

SECUENCIA

La maestra esconde tarjetas con dibujos en el salón o en el patio.	La maestra repasa lo que es una rima.	La maestra explica las reglas del juego.	La maestra entrega un dibujo a cada niño o a cada pareja.	Los niños recorren el salón o el patio buscando palabras que rimen.	Cada niño o pareja muestra y menciona las rimas que encontró.

PROCEDIMIENTO

1. La maestra esconde tarjetas con dibujos de objetos en el salón o en el patio.

2. La maestra repasa con los niños lo que es una rima. Les invita a dar ejemplos de algunas rimas.

3. La maestra les explica las reglas del juego. Deberán encontrar una tarjeta (o dos o tres tarjetas según las tarjetas disponibles) con un dibujo cuyo nombre rime con su tarjeta. Les muestra cómo verificar si la tarjeta rima con la suya.

    "Tienen que decir en voz alta los nombres de los objetos de la tarjeta y escuchar si el final de las palabras riman. Si la tarjeta que encontré no rima con la mía lo dejo en el lugar que lo encontré y continúo buscando."

4. La maestra entrega un dibujo a cada niño o a cada pareja.

5. Los niños recorren el salón o el patio buscando tarjetas con dibujos de objetos cuyos nombres rimen con su tarjeta. Mencionan en voz alta sus nombres escuchando el final de las palabras. Si las palabras riman guardan la tarjeta. Si las palabras no riman dejan la tarjeta donde la encontraron.

6. Nuevamente en el círculo o en sus lugares cada niño o pareja muestra y menciona las rimas que encontró. Los demás deben escuchar y asentir si riman. Si no riman la maestra les ayuda a escuchar cómo el final de las palabras que escogieron suenan diferente.

VARIACIONES

Rimas sin ilustraciones

Con niños que ya están leyendo se puede variar el juego utilizando tarjetas con palabras en vez de ilustraciones.

Para los niños que encuentran su tarjeta muy rápido

Siempre hay niños que terminan mucho más rápido que los demás, para no dejarles esperando mucho tiempo inactivos la maestra puede entregarles otra tarjeta con el dibujo de otro objeto para que puedan seguir jugando.

COMPLETA CON UNA RIMA

OBJETIVOS

- Crear rimas a partir de frases incompletas.

DESCRIPCIÓN

Este es un juego para crear rimas. Los niños deben completar unas frases dadas por la maestra con una rima. Si las frase rimada que crean no tiene mucho sentido, resultará la actividad aún más graciosa para ellos. Los niños mayores pueden escribir sus rimas.

SECUENCIA

| La maestra lee unas frases que riman. | Los niños identifican las palabras que riman. | La maestra escribe en la pizarra las palabras que riman. | Los niños completan oralmente nuevas frases con rimas. |

PROCEDIMIENTO

1. La maestra presenta el juego **leyendo en voz alta varias frases** que riman.

    "Escuchen las siguientes rimas, a ver si ustedes pueden descubrir cuáles son las palabras que riman." Ejemplo:

De paseo salí y esto es lo que vi...

un gato que saltaba con un zapato
una oveja sin oreja
Un pingüino comiendo pepino

2. Los niños identifican las palabras que riman. La maestra vuelve a repetir las rimas las veces que sea necesario para que ellos identifiquen las palabras que riman.

3. La maestra escribe en la pizarra las palabras que riman. La maestra pregunta "¿en qué se parecen estas dos palabras?" Los niños describen en que se parecen las palabras que riman. La maestra subraya la rima.

4. La maestra invita a los niños a completar oralmente las siguientes frases (u otras que invente) con rimas. Ejemplo:

De paseo salí y esto es lo que vi...

Vi un pato_____
un ratón_____
una vaca_____

Vi un elefante_____
una serpiente_____
un canguro_____

¡No voy más de paseo porque me mareo!

VARIACIONES

La maestra escribe las frases en la pizarra

A medida que los niños crean las rimas, la maestra las escribe en la pizarra. Luego los niños pasan para subrayar la parte de las palabras que riman. Si la maestra escribe las rimas en un papel sulfito (o de traza) los niños pueden ilustrar y pegar sus ilustraciones alrededor de las rimas.

Los niños pueden escribir e ilustrar sus propias rimas

Cada niño crea y escribe una rima con una de las frases presentadas. Luego recopilan todas las rimas y crean un libro del grado con sus rimas. Si utilizaron las frases de arriba pueden titular el libro *"De paseo salí y esto es lo que vi..."*

EL TREN DE RIMAS

OBJETIVOS

- Aplicar el conocimiento adquirido en rimar palabras a partir de una palabra dada.

DESCRIPCIÓN

Para jugar un *"Tren de rimas"* la maestra menciona una palabra, los niños en ronda toman turnos en el círculo para rimar la palabra. Cuando se acaban las rimas o cuando alguien se equivoca el tren se corta. Y se comienza un nuevo *"tren de rimas"*.

SECUENCIA

| Repasan ejemplos de rimas. | La maestra inicia el juego con la frase: "Mi vagón está cargado con _____". | El niño a su izquierda completa la frase con una palabra que rime. | El próximo niño a la izquierda continúa rimando. | Cuando alguien se equivoca o se agotan las rimas se repite el juego con otra palabra. |

PROCEDIMIENTO

1. Los niños se sientan en un círculo. La educadora recuerda a los niños lo que significa una rima. Da algunos ejemplos de palabras que riman como: (casa, masa, taza, etc.).

2. La educadora comienza el juego diciendo: *"Este círculo será un tren con muchos vagones y cada vagón está cargado con cosas cuyos nombres riman. Mi vagón está cargado con _____."* La educadora completa la frase con una palabra con la cual se pueda rimar fácilmente (gatos, sombrillas, coco, mesas, sapos, etc.) Ejemplo: *"Mi vagón está cargado con gatos."*

3. Luego pregunta: *"¿Con qué podrán estar cargado los otros vagones?"* El niño al lado izquierdo de la maestra repite la frase completándola con una palabra que rime. Ejemplo: *"Mi vagón está cargado con platos."*

4. Luego continúa el próximo niño al lado izquierdo repitiendo la misma frase y completándola con otra palabra que rima. *"Mi vagón está cargado con patos."*

5. Continua el juego de la misma forma hasta que alguien se equivoque y diga una palabra que no rime o hasta que se agoten las palabras que riman. En esos casos se corta la cadena del tren.

6. Se repite el juego a partir de una nueva palabra. La maestra dice: *"Este próximo tren está cargado con objetos que riman con _____".* El juego continúa desde donde se cortó la cadena. Ejemplo: *"Este próximo tren está cargado con objetos que riman con casa".*

Juegos con RIMAS

RIMAS RODANDO VAN

OBJETIVO

- Aplicar el conocimiento adquirido en rimar palabras a partir de una palabra dada.

MATERIALES

- Una pelota.

DESCRIPCIÓN

La maestra dice una palabra y rueda la pelota a un niño en el círculo. El niño que la recibe debe decir una palabra que rime y la deja rodar a otro niño en el círculo quien a su vez debe identificar y mencionar otra palabra con la que rime.

SECUENCIA

Los niños se sientan en un círculo.	La maestra dice una palabra y rueda la pelota a un niño.	El niño que recibe la pelota debe decir una palabra con la que rime.	El niño rueda la pelota a otro niño.	El juego continua hasta que la maestra nombre otra palabra para rimar.

PROCEDIMIENTO

1. Los niños se sientan en un círculo. Repasan lo que es una rima y dan ejemplos de palabras que riman. La maestra explica las reglas del juego.

2. La maestra escoge una palabra para rimar y la dice en voz alta y luego rueda la pelota a un niño.

3. El niño que recibe la pelota debe decir una palabra que rime con la palabra que dijo la maestra. Los demás deben asentir si la palabra rima.

4. El niño rueda la pelota a un compañero. El compañero debe pensar y decir rápidamente otra palabra que rime. Los demás deben asentir si la palabra rima con las otras.

5. Después de haber rimado varias palabras, la maestra puede nombrar otra palabra para rimar para dar la oportunidad de jugar a más niños. Debe terminar el juego antes de que los niños se inquieten.

🎵 CREA TU PROPIA VERSIÓN 🎵

OBJETIVOS

- Crear nuevas rimas para una canción de rimas conocida.

MATERIALES

- Radio con cd.
- Opcional: Cd "Sonidos que juegan".

DESCRIPCIÓN

Los niños disfrutan participando de canciones que contienen sonidos y palabras que riman. Muchas veces espontáneamente inventan sus propias versiones de ellas. Si la canción contiene mucha rima y la tonada es pegadiza, una vez que los niños se sepan bien la canción original pueden jugar juntos a crear una nueva versión de la canción agregándole nuevas rimas.

SECUENCIA

La maestra selecciona una canción de rimas que los niños conozcan.	La maestra y los niños cantan la canción original.	La maestra invita a inventar rimas para la canción dando ejemplos.	Los niños crean nuevas frases con rimas para la canción.

PROCEDIMIENTO

1. La maestra selecciona una canción de rimas que los niños conozcan bien y que les guste cantar.

2. Los niños y la maestra cantan la canción original. Ejemplo:

    ♪♪ *Tengo una vaca lechera*
    No es una vaca cualquiera
    Le estiro de la cola
    Y sale coca-cola
    Tolon, tolon
    Tolon, tolon ♪♪

3. La maestra les invita a crear nuevas frases con rimas para la canción. Para ello les recuerda lo que es una rima. Les ofrece uno o dos ejemplos de cómo podrían seguir creando nuevas frases para la canción. Ejemplo: Utilizando la canción *"Tengo una vaca lechera"* la maestra agrega nuevas frases como:

    ♪♪ *Le estiro de la or**eja***
    *Y sale una ov**eja***
    Tolon, tolon ♪♪

Juegos con RIMAS

*Le estiro de la panza
Y sale una ganza
Tolon, tolon*

4. Los niños inventan nuevas estrofas rimadas como:

♫♪ *Le estiro del diente (serpiente)*
Le estiro del ojo (piojo)
Le estiro de la pata (rata)
Le estiro de la nariz (perdiz)
Le estiro de boca (foca)
Le estiro del ombligo (cocodrilo)
Le estiro del cuello (camello) ♫♪

VARIACIONES

La maestra escribe la nueva versión

A medida que los niños crean las rimas la maestra las escribe en la pizarra. Luego los niños pasan para subrayar la parte de las palabras que riman. Si la maestra escribe las rimas en un papel sulfito o paleógrafo los niños pueden ilustrar y pegar sus ilustraciones alrededor de las rimas.

Crean un libro de rimas de la nueva versión de la canción

Cada niño se convierte en el autor de una página del libro de la canción. Escribe la rima y la ilustra. Luego la maestra recopila todas las rimas y crean un libro de sus rimas. Pueden colocarle una portada y como título "Nuestra versión de la canción _____".

EL LIBRO DE RIMAS

OBJETIVOS

- Crear sus propias rimas.
- Celebrar y exponer las creaciones de rimas de los niños.

MATERIALES

- Papel blanco.
- Cartulina de color para la portada.
- Marcadores, crayolas.
- Presilladora (engrampadora).

DESCRIPCIÓN

Crear un libro de rimas es una excelente manera de demostrar y celebrar sus producciones de rimas. Una vez que los niños sepan crear sus propias rimas disfrutarán creando un libro de rimas. Cada niño inventa una rima y la maestra toma el rol de secretaria y escribe en el papel de cada niño la rima que creó (con niños mayores ellos escriben su propia rima). Cada niño hace un dibujo para su rima. Una vez el libro esté formado con todas las rimas, los niños toman turnos para compartir su rima con el grupo.

Se debe recordar que para crear rimas necesitan haber tenido muchas experiencias previas recitando y jugando con rimas.

SECUENCIA

| La maestra explica que van a crear un libro de rimas. | Cada niño piensa en su rima. | La maestra escribe la rima de cada niño. | Ilustran sus rimas. | Se unen los trabajos para formar el libro. | Los niños comparten sus rimas. |

PROCEDIMIENTO

1. La maestra explica que van a crear un libro de rimas y que cada niño será autor de una página del libro de rimas.

    "Primero tienen que pensar cuál va a ser su rima. Yo les voy a ayudar, ustedes me van a dictar su rima y yo la escribiré en un papel."

2. A medida que entrega los materiales les invita a que piensen cuál será su rima.

3. La maestra visita cada mesa y escribe la rima de cada niño. Como la maestra no puede estar en todas las mesas a la vez les explica que si ya saben cuál es su rima pueden empezar a hacer un dibujo de su rima.

4. Ilustran sus rimas.

5. La maestra une los trabajos para formar el libro. Coloca una cartulina de color para la portada. Puede agregar un título como *"Nuestro libro de rimas"*.

6. Una vez "publicado" el libro, cada día la maestra invita a algunos niños a compartir sus rimas hasta que todos hayan tenido la oportunidad de participar. Es mejor limitar el número de niños que comparten por vez para mantener la actividad enfocada e interesante. Si todos comparten el mismo día puede convertirse en una actividad larga y cansadora, muchos se inquietarán y no podrán prestar atención debida a la producción del compañero.

VARIACIÓN

Ellos mismos escriben sus rimas

Con niños más independientes en la escritura, ellos mismo pueden escribir sus propias rimas. Cada uno será autor de una página del libro.

RESUMEN DEL CAPÍTULO

En este capítulo se presentaron juegos con rimas para: familiarizar a los niños con las rimas, ayudarles a identificar palabras que riman y ayudarles a crear sus propias rimas.

Las rimas son un recurso importante en el desarrollo lingüístico de los niños porque a través de ellas pueden aprender habilidades importantes que facilitan el proceso de aprender a leer y escribir como:

- reconocer cómo los sonidos se combinan para formar palabras y frases;
- enfocar su atención en los sonidos de las palabras;
- reconocer que las palabras se pueden dividir en sílabas.

A través de las experiencias de escuchar, recitar, cantar y jugar con rimas los niños reciben otros beneficios como:

- adquieren nuevo vocabulario;
- desarrollan la expresión corporal y la dicción;
- experimentan el ritmo y la inflexión de la lengua;
- incrementan el interés por la lectura;
- mejoran su memoria de corto y largo plazo;
- desarrollan un vínculo afectivo con su maestro o cuidador;
- disfrutan el lenguaje con las actividades.

Las habilidades de identificar rimas en palabras y crearlas toman tiempo en desarrollarse. En primer lugar el énfasis de los educadores con niños pequeños debe ser familiarizarles con las rimas y permitirles disfrutar de los diferentes géneros literarios que contienen rimas como las poesías, canciones o cuentos rimados. Solamente después de haber tenido muchas experiencias previas con rimas los niños estarán listos para identificar las rimas en las palabras. De igual forma, solamente después de muchas experiencias previas identificando palabras que riman los niños estarán listos para crear sus propias rimas.

Cada tanto vuelva a repetir los juegos ya aprendidos para repasar, fortalecer la destreza en aquellos niños que aún no la hayan logrado como un medio para evaluar el logro de la destreza.

JUEGOS CON SÍLABAS

Este capítulo presenta juegos para estimular las habilidades de **separar** palabras por sus sílabas y **combinar** sílabas para formar una palabra. Al desarrollar estas habilidades los niños logran comprender que las palabras están formadas por varios sonidos, y que estos se pueden combinar y segmentar. Estos conocimientos y destrezas ayudan a los niños en el proceso de aprender a leer y escribir.

A los niños pequeños les resulta más fácil, en un principio, la habilidad para combinar sílabas que dividir una palabra por sus sílabas. Por esta razón, el capítulo presenta más juegos enfocados en separar las palabras por sus sílabas. Les recomiendo que inicien con los juegos de combinar sílabas y luego continúen con los juegos de segmentar las sílabas.

Por otro lado, estén atentos a aquellos niños que presenten más dificultad al jugar estos juegos para darles una ayuda extra según lo requieran. Cada tanto vuelvan a repetir los juegos para repasar, para fortalecer una destreza en los niños que aún no las han logrado o como un medio para evaluar a los niños.

> Asegúrense que las palabras que los niños tengan que separar en sílaba sean vocabulario conocido para ellos.

LENGUAJE DE ROBOTS

Soy RO-BER-TO EL-RO-BOT

OBJETIVOS

- Combinar sílabas para formar una palabra, una frase u oración.

DESCRIPCIÓN

La maestra habla entrecortando las sílabas como un robot. Los niños tienen que unir las sílabas para comprender lo que el robot está diciendo.

SECUENCIA

| La maestra explica el juego. | La maestra habla y se mueve como un robot. | La maestra pregunta: ¿Qué dijo el robot? | Los niños traducen lo que dijo el robot. | La maestra continúa hablando y gesticulando como robot. | El juego se repite un par de veces más. |

PROCEDIMIENTO

1. La maestra explica a los niños que jugarán el juego del robot –que un robot les va a visitar, que los robots hablan de una manera extraña, entrecortada y que ellos deberán ayudar a traducir lo que el robot está diciendo.

2. La maestra se convierte en robot. Simula la forma de hablar y moverse de un robot. Puede decir: "Buen di-a ni-ños. Soy Ro-bert el ro-bot.

3. La maestra se convierte nuevamente en maestra y les pregunta: *"¿Ustedes entendieron lo que dijo? ¿Qué dijo?"*

4. Los niños ofrecen sus traducciones.

5. La maestra les invita a nuevamente escuchar al robot. *"Veamos que más nos dice el robot Robert".* La maestra se convierte nuevamente en robot y continua diciendo cosas como: *"Ven-go del es-pa-cio. Pue-do ha-cer mu-chas co-sas."*

6. Los niños vuelven a traducir lo que dijo el robot. El juego continúa de igual forma un par de veces más.

VARIACIONES

Los niños toman turnos en convertirse en robot

Los niños toman turnos en convertirse en robots y hablar entrecortando las sílabas frente a sus compañeros. Los compañeros deben traducir lo que "el robot" dice.

Los niños juegan a robots en parejas

Todos los niños toman se convierten en robots a la vez. Juegan en parejas hablándose de formas entrecortadas. Generan un dialogo entre sí. Con esta variación todos los niños tienen la oportunidad de ser el robot y de practicar entrecortar las sílabas.

¡UNO, DOS Y TRES!

OBJETIVOS
Separar palabras por sus sílabas.

MATERIALES
- Láminas de diferentes objetos.

DESCRIPCIÓN

La maestra recita un verso agregándole ritmo y movimientos al mismo. En este verso se va separando una palabra por sus sílabas. Una vez que los niños aprenden bien el verso pueden crear nuevos versos con otras palabras. Los versos que creen pueden estar relacionados al tema de estudio.

SECUENCIA

| La maestra recita un verso con ritmo y movimiento. | Vuelve a repetir. | Los niños recitan el verso con la maestra. | Inventan nuevos versos con otras palabras. |

PROCEDIMIENTO

1. La maestra les invita a escuchar y observar el siguiente verso. Recita agregando ritmo y movimiento.

    "Bate, Bate Chocolate,"
    ¡Uno, dos, tres, CHO!
    ¡Uno, dos, tres, CO!
    ¡Uno, dos, tres, LA!
    Uno, dos, tres, TE!
    ¡CHO – CO – LA – TE!

2. Vuelve a repetir el verso para que lo vayan aprendiendo.

3. Las siguientes veces invita a que los niños participen con ella haciendo los movimientos y recitando.

4. Inventan otros versos con otras palabras. Pueden sacar láminas de una caja y según la lámina inventar otro verso. Por ejemplo

    "Salta, salta sa-po"
    ¡Uno, dos, tres, SA!
    ¡Uno, dos, tres, PO!
    ¡SA - PO!

    "Corre, corre el ca-ba-llo"
    ¡Uno, dos, tres, CA!
    ¡Uno, dos, tres, BA!
    ¡Uno, dos, tres, LLO!
    ¡CA –BA - LLO!

VARIACIONES

Crear versos según el tema de estudio

Las láminas que utilicen para crear el verso pueden estar relacionadas al tema que estén estudiando. Por ejemplo: Si están estudiando sobre comidas saludables podrían crear versos para diferentes frutas. Si están estudiando sobre tradiciones folklóricas de su país, los versos podrían estar relacionados a una costumbre folklórica.

MARCIANOS TRAEN REGALOS

OBJETIVOS

- Separar una palabra en sílabas.
- Combinar sílabas para formar una palabra.

DESCRIPCIÓN

La maestra y los niños simulan hablar como marcianos pronunciando entrecortado cada sílaba. Cada "marciano" trae un regalo de su planeta y debe entregárselo a alguien de la clase. Al entregar su regalo debe decir qué es su regalo separando las sílabas del nombre del objeto. El que recibe debe traducir lo que el marciano dijo.

SECUENCIA

| Se sientan en un círculo. | La maestra explica el juego. | La maestra modela el juego. | La maestra pregunta "¿Qué te regaló?" | El que recibe agradece y menciona el nombre del objeto. | El que recibió el regalo se convierte en marciano. |

PROCEDIMIENTO

1. Se sientan en un círculo.

2. La maestra explica a los niños que jugarán el juego de los marcianos. Ejemplo:

   > "En este juego algunos marcianos van a visitar nuestro salón de clase y traen regalos. Para jugar algunos se van a convertir en marcianos, van a tener que moverse y hablar de manera entre cortada como los marcianos. Cada marciano que viene trae un regalo de su planeta y escoge a un niño de este salón para entregarle el suyo. Cuando le entregue el regalo va a pronunciar de manera entrecortada las sílabas, qué es lo que le está regalando."

3. La maestra se convierte en un marciano y modela el juego. Simula la forma de hablar y moverse de un marciano. Puede decir: *"Trai go un re ga lo"*. Se va hasta una niña y le entrega un regalo imaginario (con mímicas puede demostrar si es un paquete pequeño o grande). Le dice en el hablar de los marcianos qué es su regalo. Ejemplo: *"Es u-na bi-ci-cle-ta"*.

4. La maestra se convierte nuevamente en maestra y pregunta a la niña a quien entregó el regalo: *"¿Entendiste lo que dijo? ¿Qué te regalo?"*

5. La niña que recibió el regalo imaginario agradece y dice en voz alta el nombre del regalo que recibió: *"¡Gracias por la bicicleta!"*.

6. La niña que recibió el regalo se convierte en el marciano y lleva un regalo a otro niño. El juego continúa de igual forma. Finaliza antes de que los niños se inquieten.

AL RITMO DE LAS SILABAS

OBJETIVOS

- Aplicar los conocimientos adquiridos para crear un movimiento para cada sílaba de sus nombres.

DESCRIPCIÓN

Se recomienda jugar este juego una vez que los niños hayan tenido varias experiencias jugando juegos separando sílabas como *"Chiqui a bu, ¿cómo te llamas tú?"* y *"Salta tu nombre"* y sepan cuántas sílabas tiene su nombre. En *"Al ritmo de las sílabas"* los niños deben crear un movimiento para cada sílaba de su nombre. En un círculo cada niño presenta su nombre y los movimientos para cada sílaba de su nombre. Por ejemplo, si un nombre contiene tres sílabas el niño presentará su nombre con tres movimientos. Todos repiten el nombre del compañero imitando los movimientos para su nombre.

SECUENCIA

| Forman un círculo. | La maestra explica el juego. | La maestra modela con su nombre. | Un niño crea movimientos para cada sílaba de su nombre. | Los demás repiten el nombre con los movimientos. | El juego continua con varios niños. |

PROCEDIMIENTO

1. Forman un círculo. Pueden mantenerse parados para que tengan mayor posibilidad de movimientos.

2. La maestra explica el juego.
   "Vamos a jugar un juego en donde cada uno tiene que inventar movimientos para su nombre. Tendrán que crear un movimiento para cada sílaba en su nombre. Y luego todos vamos a repetir el movimiento que crearon."

3. La maestra modela con su nombre. Por ejemplo:
   "Mi nombre es Mar – ce – la, tiene 3 sílabas, voy a hacer un movimiento para ´Mar´, otro para ´ce´ y otro para ´la´". Miren otra vez mis movimientos y luego lo van a repetir todos juntos: ¡Mar- ce- la!".

   Los niños repiten al unísono el nombre y los movimientos de la maestra.

4. La maestra escoge un niño para crear movimientos para cada sílaba de su nombre. El niño dice su nombre agregando movimientos para cada sílaba.

5. Todos repiten el nombre con los movimientos de su compañero.

6. El juego continua con varios niños. No es necesario que todos pasen a crear el mismo día. Es mejor detener la actividad si observa que se están cansando. El juego se repite en otras sesiones con otros nombres de modo que todos tengan la oportunidad de crear movimientos para sus nombres.

VARIACIONES

Agregar una tonada o rap

A este mismo juego la maestra puede agregar una tonada o ritmo de rap al siguiente verso. En los espacios en blanco se agrega el nombre del niño.

*"Al ritmo de _____
Al ritmo de _____
Con escubidubi dubidubida
_____"*

Ejemplo:

*"Al ritmo de María
Al ritmo de María
Con escubidubi dubidubida
¡MA – RI – A!"*

ESCOGE DE LA CAJA

OBJETIVOS

- Separar una variedad de palabras por sílabas.
- Identificar la cantidad de sílabas en una palabra.

MATERIALES

- Caja.
- Objetos cuyos nombres contienen diferente cantidad de sílabas.
- Opcional: Set de tarjetas "Sonidos iniciales y finales".

DESCRIPCIÓN

La maestra coloca en una caja objetos cuyos nombres contienen diferentes cantidades de sílabas. Estos objetos pueden estar relacionados al eje temático que estén desarrollando. El juego consiste en sacar un objeto de la caja, silabear el nombre del objeto aplaudiendo cada sílaba y contar cuántas sílabas tiene.

SECUENCIA

| La maestra explica el juego. | La maestra modela el juego. | Un niño saca un objeto de la caja | Menciona el nombre del objeto aplaudiendo cada sílaba. | Cuentan cuantas sílabas tiene. | El juego continúa con otro niño. |

PROCEDIMIENTO

1. La maestra explica el juego:

   "Voy a sacar un objeto de la caja. Cuando lo saque tengo que decir su nombre aplaudiendo cada sílaba. Y ustedes me tienen que ayudar a contar cuántas veces aplaudí. Presten atención."

2. La maestra modela el juego. Saca un objeto de la caja. Dice su nombre en voz alta aplaudiendo cada sílaba. Ejemplo: "pe – lo – ta". La maestra pregunta: *"¿Cuántas veces aplaudí?"*. Los niños cuentan cuántos aplausos escucharon.

3. La maestra invita a un niño a sacar un objeto de la caja.

4. El niño dice en voz alta el nombre del objeto silabeando y aplaudiendo cada sílaba.

5. Los compañeros cuentan cuántas sílabas tiene el nombre del objeto.

6. El juego continúa de igual forma con dos o tres niños más.

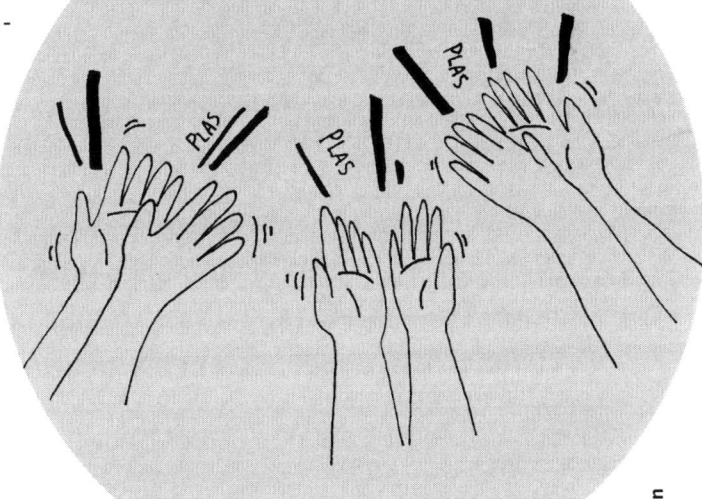

RAYUELA DE SÍLABAS

OBJETIVO

- Separar una palabra por sus sílabas al saltar.
- Identificar cuántas sílabas tiene una palabra.

MATERIALES

- Cinta blanca adhesiva o tiza.
- Piedritas o algún otro elemento como bolsitas de tela con granos para lanzar.

DESCRIPCIÓN

Este es una adaptación al juego de la rayuela. Es ideal para el patio aunque también se puede jugar adentro. Utilice cinta blanca adhesiva para dibujar una rayuela en el salón o tiza para el patio. La maestra dice en voz alta una palabra, el niño cuenta cuántas sílabas tiene esa palabra y lanza su piedrita (u otro objeto para lanzar) a la casilla con el número correspondiente. Debe saltar hasta la casilla, recoger la piedrita y regresar sin tocar las rayas.

Utilice el diseño de arriba para dibujar la rayuela.

Este juego es preferible jugarlo en grupos pequeños para que los niños no tengan que esperar mucho tiempo su turno. La maestra puede demostrar ante el grupo entero cómo se juega y luego explicarles que lo estarán jugando a la hora de los rincones o en el momento del recreo.

SECUENCIA

| La maestra dibuja una rayuela. | La maestra explica el juego. | La maestra modela el juego. | La maestra dice en voz alta una palabra. | El niño lanza la piedrita y brinca hasta la casilla que le corresponde. | El juego se repite con otros niños. |

PROCEDIMIENTO

1. **La maestra dibuja una rayuela.**

2. **La maestra explica el juego.**

    "Yo les voy a decir una palabra. Ustedes tendrán que decirla en voz alta contando cuántas sílabas tiene. Una vez que sepan cuántas sílabas tiene deben tirar su piedrita a la casilla con el número correspondiente.

    Luego deberán recorrer la rayuela para buscar su piedrita. Una vez que lleguen a las casillas 7 y 8 deben dar un medio giro y regresar brincando hasta salir de la rayuela.

    En las casillas 1, 2, 3, 6 y 7 hay que brincar con una pierna. En las casillas 4 y 5 y las casillas 7 y 8 pueden pararse con las dos piernas.

    En ningún momento pueden pisar las líneas. Cuando lanzan su piedrita tienen que asegurarse que caiga en la casilla con el número que corresponde y no puede estar tocando la línea. Si no tienen que volver a esperar su turno.

3. **La maestra modela el juego.**

    a) La maestra dice en voz alta una palabra aplaudiendo cada sílaba. Cuenta cuántas sílabas tiene.

    b) Lanza su piedrita al número en la rayuela que corresponde a la cantidad de silabas que tiene su palabra intentando que la piedra caiga dentro del cuadrado sin tocar las rayas externas. La maestra explica que si la piedra no cayera en la casilla correspondiente o tocara la raya pasaría el turno al siguiente jugador.

    c) Recorre la rayuela brincando con una pierna sin pisar las rayas, guardando el equilibrio hasta que pueda llegar a la cuarta y quinta casilla donde puede apoyar los dos pies. Luego sigue al número 6 con una pierna, nuevamente en el 7 y el 8 apoya los dos pies. Gira para volver al número a la casilla donde está su piedrita, para ello debe saltar y dar la vuelta sin pisar las rayas y regresar por el mismo camino hasta la casilla donde está su piedrita.

d) Recoge la piedrita parada sobre un pie si está en la casilla 1, 2 y 3. Y termina el recorrido sin pisar las líneas.

4. **Los niños toman turnos para jugar.** La maestra dice en voz alta una palabra para el primer niño en turno.

5. El niño de turno tira su piedrita hasta la casilla en la rayuela que corresponde a la cantidad de silabas que tiene su palabra. Y sigue las instrucciones que le modeló y explicó la maestra.

6. El juego se repite con un par de niños más. La maestra luego les explica que podrán continuar jugando el juego en la hora de los rincones o en la hora del recreo.

VARIACIONES

Jugar sin piedritas o elemento para lanzar

Si desea bajar el nivel de dificultad del juego pueden jugarlo sin tener que lanzar la piedrita. Los niños tienen que seguir los mismos pasos de saltar hasta la casilla con el número correspondiente, y en vez de recoger la piedrita solamente tienen que tocar el número de su casilla y regresar.

Jugar sin la maestra

Una vez que los niños hayan jugado varias veces con la maestra pueden tomarse el turno de ser "el líder" y decir en voz alta palabras para que sus compañeros cuenten las sílabas y salten en la rayuela.

Adaptar a otros ejes temáticos

La maestra invita a los niños a saltar y a contar las sílabas de las palabras relacionadas al tema de estudio (alimentos, animales, profesiones, nombres de personajes de cuentos, etc.)

RESUMEN DEL CAPÍTULO

En este capítulo se presentaron juegos para desarrollar las habilidades de combinar sílabas para formar una palabra y de separar una palabra por sus sílabas. Estas habilidades ayudan a los niños a comprender que una palabra está formada por varias sílabas que se pueden separar y combinar. Fomentamos estas habilidades en los niños porque éstas son necesarias en el proceso de aprender a leer y escribir.

El proceso de aprender a combinar, a separar y a reconocer cuántas sílabas tiene una palabra ocurre temprano en el desarrollo fonológico. En un principio les resulta más fácil combinar una palabra separada en sílabas, como en el juego "Lenguaje de robots", que separarlas ellos mismos. Por esta razón el capítulo presenta más juegos enfocados en separar las palabras por sus sílabas.

JUEGOS CON SONIDOS INICIALES Y FINALES

Este capítulo contiene juegos para ayudar a los niños a enfocar su atención y distinguir los sonidos iniciales y finales en las palabras, los fonemas. Enfocar su atención en los sonidos del lenguaje oral y distinguirlos es una habilidad que los niños necesitan para el proceso de aprender a leer y a escribir.

Los juegos están descriptos para identificar el sonido inicial o final de las palabras. Por lo general, a los niños les resulta más fácil, en un principio, identificar los sonidos iniciales antes que los sonidos finales. Por lo tanto, utilice primero los juegos para distinguir los sonidos iniciales y una vez que los niños demuestren competencia en identificar el sonido inicial prosiga a adaptar los juegos para enfocar en el sonido final.

Distinguir los sonidos iniciales y finales en las palabras es un paso importante en el desarrollo de la **conciencia fonémica** –comprensión de que las palabras están compuestas de una variedad de sonidos individuales que pueden ser separadas y combinadas. Los juegos serán un recurso más para desarrollar esta capacidad lingüística.

A veces, es más fácil distinguir un sonido por la articulación en la boca que por el sonido en sí. Para ayudar a los niños a distinguir las características de los sonidos, guíe a los niños a explorar y sentir cómo se comparan y diferencian en la articulación de la boca. Invítelos a enfocar en cómo se siente con la boca, qué hacen los labios y la lengua cuando uno hace un sonido como la /m/, la /b/, la /p/, etc.

VEO, VEO...

Veo, veo...

OBJETIVOS

- Identificar nombres de objetos a partir de su sonido inicial.
- Identificar nombres de objetos a partir de su sonido final.

DESCRIPCIÓN

Los niños/as intentan descubrir el objeto que el educador está pensando a partir del sonido inicial o final de la misma.

SECUENCIA

El educador dice "Veo, veo algo que empieza con el sonido ___."	Los niños intentan descubrir el objeto.	La educadora repite el sonido inicial.	Se repite el juego con otro objeto.

PROCEDIMIENTO

1. Los niños se sientan en un círculo y la educadora dice: *"Veo, veo algo que empieza con **el sonido** ___."* Las primeras veces que juegan, la educadora puede pronunciar el sonido de la primera silaba y a medida que los niños tengan más experiencia con el juego puede mencionar solamente el sonido de la primera letra del nombre. Ejemplo:

    Las primeras veces:

    *"Veo, veo algo que empieza con **el sonido** mmmaaaaa. Levanten sus manos si piensan que saben qué es."*

    Las siguientes veces:

    *"Veo, veo algo que empieza con **el sonido** mmmmmm. Levanten sus manos si piensan que saben qué es."*

2. Los niños intentan descubrir el objeto por su sonido inicial.

3. La educadora repite el sonido inicial del nombre hasta que la mayoría de los niños y niñas levanten la mano.

4. Se repite el juego. La maestra escoge otro objeto que observa en el salón y cuyo nombre inicia con otro sonido inicial.

VARIACIONES

La maestra da pistas

La maestra menciona el sonido inicial y a la vez da una pista. Ejemplo:

"Veo, veo algo que empieza con el sonido ´ppppp´ y sirve para pintar."

Los niños toman turnos siendo los líderes del juego

Una vez que los niños hayan jugado varias veces el juego, la maestra puede invitar a que sean los mismos niños y niñas quienes lideren el juego.

Utilizar el mismo juego para enfocar en el sonido final

En una primera instancia se juega a identificar el objeto por su sonido inicial porque a los niños les resulta más fácil identificar el sonido final de una palabra. Una vez que los niños adquieran mayor habilidad en identificar una palabra por su sonido inicial se puede ir aumentando el nivel de desafío en el juego. Pueden jugar a identificar la palabra por su sonido final. Ejemplo:

*"Veo, veo algo que termina con **el sonido** oooo. Levanten sus manos si piensan que saben qué es."*

Utilizar láminas de objetos

La maestra utiliza láminas con ilustraciones de objetos para jugar "veo, veo".

Adaptar al eje temático que se estén estudiando

Por ejemplo, si están estudiando sobre los planetas pueden decir:

"Estoy pensando en un planeta que empieza con el sonido ´sssss´."

Jugar en diferentes contextos

El juego se puede jugar en diferentes lugares – el patio, en una excursión, etc.

JUGANDO CON TRABALENGUAS

OBJETIVOS

- Disfrutar el lenguaje oral y escrito con los trabalenguas.
- Identificar sonidos y letras iniciales.
- Leer el texto junto con la educadora.

MATERIAL

El trabalenguas escrito en un papel grande.

DESCRIPCIÓN

Un trabalenguas es una frase, oración o verso que es difícil decirlo con rapidez, porque contiene una secuencia de sonidos muy similares. Son juegos de palabras y con frecuencia se crean con aliteraciones. La aliteración es la repetición de sonidos, sobre todo de consonantes, al principio de las palabras o de las sílabas acentuadas. Ejemplos:

«Tres tristes tigres tragan trigo en un trigal»

«Pablito clavó un clavito en la calva de un calvito.
En la calva de un calvito, un clavito clavó Pablito».

Los trabalenguas y aliteraciones son medios para jugar con sonidos, letras y sílabas.

El educador presenta el trabalenguas escrito con letras grandes para poder leerlos juntos. El educador invita a los niños y niñas a jugar con el trabalenguas volviendo a repetirlo con diferentes velocidades, tonos de voz y ritmos. El proceso presentado a continuación puede durar varias sesiones para realizarlo.

SECUENCIA

El educador lee señalando el trabalenguas.	El educador lo lee y los niños lo repiten.	Los niños leen con el educador.	El educador les invita "a jugar" con el trabalenguas.	Los niños identifican palabras que empiezan con el mismo sonido.

PROCEDIMIENTO

1. La educadora lee el trabalenguas con mucha entonación a medida que señala el texto con un puntero.

2. La educadora lee una segunda vez el trabalenguas. Esta vez lee una frase a la vez e invita a los niños a repetir cada frase a medida que ella va señalando el texto con el puntero.

3. Los niños y la educadora vuelven a leer el texto lentamente, esta vez leen todo el trabalenguas de corrido al unísono. La educadora continúa señalando el texto con el puntero.

4. La educadora les invita "a jugar" con el trabalenguas variando la velocidad, el tono de voz y el ritmo. Les puede invitar a:

    - Leer el trabalenguas lo más rápido que puedan.
    - Leer con voz suavecita.
    - Iniciar con voz suave e ir aumentando el volumen de la voz.
    - Inventar diferentes ritmos para el trabalenguas.

5. La educadora invita a los niños, a identificar palabras que inician con el mismo sonido inicial en el trabalenguas.

VARIACIONES

Los niños enfocan su atención, identifican y señalan detalles en el texto

Después de haber jugado con el trabalenguas, la educadora invita a los niños, a modo de desafío, a enfocar su atención, identificar y señalar sonidos, letras y sílabas iniciales en las palabras del texto.

Ejemplo: Señala la palabra _____.
Encuentra una palabra que empiece con _____.
Encuentra otra palabra que empiece con la letra _____.
Señala una letra que empieza con el sonido _____.

Jugar con el trabalenguas sin texto

La educadora puede invitar niños más pequeños a jugar con trabalenguas cortos sin utilizar el texto escrito manteniéndolo meramente una actividad oral. De igual forma pasan por los pasos de:

1. Repetir el trabalenguas después de la maestra.

2. Decir el trabalenguas junto con la maestra.

3. Jugar con el trabalenguas variando las velocidades y ritmos.

SUENAN IGUAL

OBJETIVO

- Identificar el sonido inicial.
- Parear palabras con el mismo sonido inicial.

MATERIALES

- Láminas de objetos cuyos nombres comiencen con el mismo sonido inicial.
- Opcional: Set de tarjetas "Sonidos iniciales y finales".

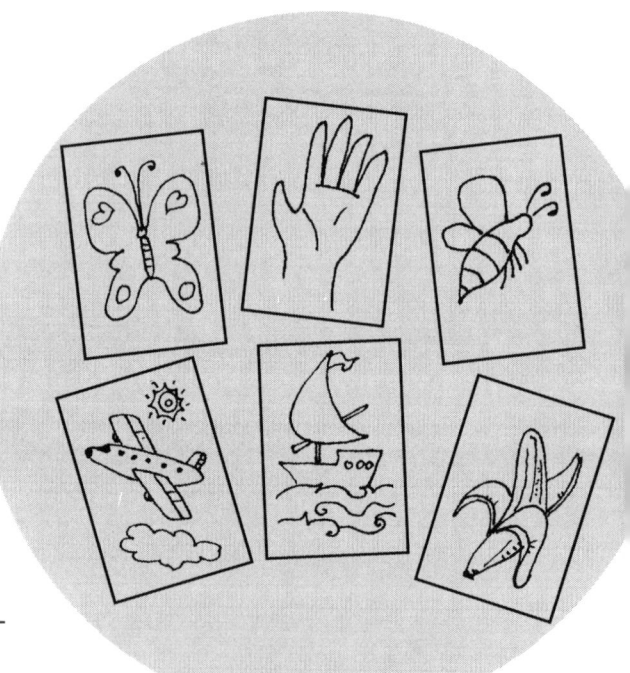

DESCRIPCIÓN

Los niños y niñas deben buscar e identificar las láminas de objetos cuyos nombres suenan iguales en el inicio.

SECUENCIA

La educadora presenta las láminas de los objetos.	Un niño escoge una lámina y menciona su nombre.	Los niños identifican el sonido inicial.	Otro niño busca otra lámina cuyo objeto comience con el mismo sonido.	El juego continúa hasta haber pareado varias láminas.

PROCEDIMIENTO

1. La educadora presenta las láminas del juego. Le permite a los niños observarlas y mencionar su nombre.

2. Un niño escoge una lámina de un objeto y menciona su nombre.

3. La educadora invita a los niños a identificar el sonido inicial. Ejemplo: si es el dibujo de una pelota pronuncian el fonema /ppppp/

4. Otro niño pasa a buscar otra lámina en donde el nombre del objeto comience con el mismo sonido.

5. El juego continúa hasta haber pareado varias láminas.

VARIACIONES

El educador escribe las palabras en la pizarra

A medida que un niño escoge un objeto y los demás identifican el sonido inicial, la maestra escribe el nombre del objeto en la pizarra. Luego comparan la similitud en las letras iniciales. En algunas ocasiones, el sonido inicial puede sonar parecido, pero las letras iniciales diferentes. La maestra explica que hay palabras que suenan igual al iniciar, pero se escriben con letras diferentes. Ejemplo:

    Hipopotamo / Iglesia
    Jirafa / Girasol
    Cisne / Silla

Cada niño recibe una lámina

La maestra escoge láminas de objetos que inicien con dos o tres fonemas diferentes. Entrega una a cada niño. Cada uno debe mencionar el nombre del objeto, pronunciar el sonido inicial y luego colocar la lámina en el centro del círculo junto a otras láminas que comiencen con el mismo fonema. Ejemplo: La maestra selecciona láminas de objetos que empiezan con la ¨m´, la ´p´ y la ´d´. Los niños irán ubicando sus láminas en el centro del círculo. Las ubicarán con láminas que comiencen con el mismo sonido. Terminaran con tres grupos de láminas.

Este juego es más apropiado realizarlo en grupos pequeños.

Juego para el rincón de lenguaje:

Una vez que los niños conozcan cómo jugar *"Suenan igual al comenzar"* este juego puede convertirse en una opción para jugar en el rincón de juegos con letras. La maestra les explica que colocará el juego en el rincón de lenguaje y que pueden continuar jugando con él cuando visiten ese rincón. Les muestra cómo cuidar y guardar las láminas después de usarlas.

Jugar "Suenan igual al final"

Una vez que los niños adquieran mayor habilidad en identificar una palabra por su sonido inicial se puede ir aumentando el nivel de desafío en el juego. Pueden jugar a buscar e identificar las láminas de objetos cuyos nombres suenan iguales en su sonido final.

EL BARCO ESTÁ CARGADO CON...

OBJETIVOS

- Mencionar palabras que inicien con el mismo sonido inicial.

MATERIALES

Algo para tirar (una pelota o una pelota de papel o de media).

DESCRIPCIÓN

Los niños y niñas deben mencionar el nombre de objetos que comiencen con el mismo sonido que el fonema pronunciado por el educador.

SECUENCIA

Los niños se sientan en círculo.	La educadora inicia mencionando el sonido inicial con el cual jugarán.	La educadora lanza la pelota a un niño.	El niño nombra un objeto que comienza con ese sonido inicial.	El niño lanza la pelota a la educadora.	Se repite el juego con otro niño.

Juegos con SONIDOS INICIALES Y FINALES

PROCEDIMIENTO

1. Los niños se sientan en un círculo.
2. La educadora comienza el juego diciendo *"El barco está cargado de palabras que empiezan con el sonido __"*. La educadora completa la frase con un sonido. Ejemplo:
   > *"El barco está cargado de palabras que empiezan con el sonido ´sssssss´ ".*
3. La educadora tira la pelota a un niño.
4. El niño que recibe la pelota repite la frase completándola con una palabra que comience con ese sonido.
5. El niño vuelve a tirar la pelota a la educadora.
6. La educadora tira la pelota a otro niño. El juego se repite utilizando el mismo sonido hasta que la educadora decida cambiar el sonido inicial.

VARIACIONES

Los niños toman turnos siendo los líderes del juego

Una vez que los niños hayan jugado varias veces el juego, la maestra puede invitarles a que sean ellos mismos los líderes del juego. Toman turnos en elegir el sonido inicial y tirar la pelota a sus compañeros.

Utilizar el mismo juego para enfocar en el sonido final

Una vez que los niños adquieran mayor habilidad en identificar una palabra por su sonido inicial se puede ir aumentando el nivel de desafío en el juego. Pueden jugar a mencionar el nombre de objetos que terminen con el mismo sonido pronunciado por el educador.

Adaptar a otros ejes temáticos

Se pude adaptar el juego según el eje temático que estén desarrollando.

> *Me fui al zoológico y vi un animal que empieza con el sonido...*
> *Me fui al súper y compré cosas que empiezan con...*
> *Me fui al campo y vi...*
> *Me fui a la ciudad y vi...*

¿CUÁL PERTENECE?

OBJETIVO

- Identificar el sonido inicial o final en los nombres de objetos.
- Comprender la relación entre un sonido y su letra.

MATERIALES

- Una bolsa de papel rotulado con una letra (puede ser una caja o bolsa de tela).
- Diferentes objetos o láminas de objetos (algunos que empiecen con el sonido de la letra de la bolsa y otros que empiecen con otro sonido inicial).
- Opcional: Set de tarjetas "Sonidos iniciales y finales".

DESCRIPCIÓN

La educadora invita a los niños a descubrir cuál es o son los objetos que pertenecen a la bolsa según su sonido inicial.

SECUENCIA

| La educadora presenta la bolsa y su letra. | Explica en qué consiste el juego. | La educadora ayuda a los niños a identificar el sonido inicial de algunos objetos. | Los niños buscan otros objetos que comiencen con el mismo sonido. |

PROCEDIMIENTO

1. La educadora presenta una bolsa de papel rotulada con una letra. Invita a los niños a recordar y realizar el sonido de la letra.

2. Explica que el juego consiste en descubrir qué objetos pertenecen a la bolsa.

   "Necesito que me ayuden a descubrir cuáles de estos objetos puedo guardar en esta bolsa. Solamente puedo guardar aquellos objetos que empiecen con el sonido de esta letra."

3. La educadora invita a los niños a identificar el sonido inicial de algunos objetos. La educadora repite el nombre del objeto enfatizando el fonema inicial. Ejemplo:

   "¿Cómo se llama este objeto?... ¿Con qué sonido empieza?... ´fffffffff´

   "¿Puedo guardar este objeto en la bolsa?" "¿Por qué?"

4. La educadora invita de a uno a algunos niños a pasar a identificar otro objeto cuyo nombre comience con el mismo sonido. El juego continúa hasta haber encontrado todos los objetos que pertenecen a la bolsa.

VARIACIONES

La maestra escribe los nombres de los objetos en la pizarra

A medida en que los niños identifican los objetos que van en la bolsa la maestra escribe en la pizarra el nombre de los objetos seleccionados. Luego invita a los niños a observar mostrando la similitud de las letra iniciales (y en algunos casos las diferencias, ejemplo cisne / silla).

Juego para el rincón de letras:

Una vez que los niños conozcan cómo jugar este juego puede convertirse en una opción para jugar en el rincón de juegos con letras. La educadora deberá ir cambiando la letra de la bolsa o puede ir agregando varias bolsas rotuladas con diferentes letras para ir elevando el nivel de desafío del juego. Deberá enseñar a los niños cómo guardar los diferentes elementos del juego después de utilizarlos para que estos puedan durar.

Utilizar el mismo juego para enfocar en el sonido final

Una vez que los niños adquieran mayor habilidad en identificar una palabra por su sonido inicial se puede ir aumentando el nivel de desafío en el juego. Pueden jugar a descubrir cuál es o son los objetos que pertenecen a la bolsa según su sonido final.

RESUMEN DEL CAPÍTULO

En este capítulo se presentaron juegos para ayudar a los niños y niñas a **enfocar su atención en el sonido inicial y el sonido final de las palabras y distinguirlas**.

Distinguir los sonidos iniciales y finales en las palabras es un paso importante en el desarrollo de la **conciencia fonémica** --comprensión de que las palabras están compuestas de una variedad de sonidos individuales que pueden ser separadas y combinadas. Los juegos son un recurso más para ayudarles a desarrollar esta comprensión necesaria en el momento de leer y escribir.

Los mismos juegos pueden utilizarse para enfatizar en el sonido inicial o final de las palabras. Generalmente, a los niños pequeños, en un principio les resulta más fácil identificar los sonidos iniciales. Por lo tanto, se recomienda utilizar los juegos, en primer lugar, para enfocar en los sonidos iniciales y una vez que los niños demuestren competencia en identificar el sonido inicial puede adaptarlos para identificar el sonido final.

La descripción y el procedimiento de los juegos enfatizan en identificar los sonidos iniciales en las palabras. Todos los juegos, exceptuando el de *"Jugando con trabalenguas"* pueden adaptarse para enfocar en los sonidos finales.

JUEGOS CON LETRAS

Los niños pasan por un largo proceso de interacciones con el lenguaje oral y escrito antes de poder empezar a comprender que existe una relación entre una letra y su sonido. Por esta razón, el capítulo de juegos con letras se encuentra hacia el final del libro. Todos los capítulos previos de juegos con sílabas, sonidos, rimas y poemas estimularán el desarrollo de la comprensión abstracta de que el lenguaje oral está compuesto por una variedad de sonidos y que las palabras están compuestas por una secuencia de sonidos y que estos sonidos se pueden representar con letras.

Existen muchos conocimientos que los niños deben desarrollar en cuanto a las letras. Por un lado deben aprender a: reconocer y distinguir las letras por sus formas y características, comprender que las palabras están compuestas por diferentes letras, relacionar las letras con sus sonidos, aprender el nombre de las letras, asociar las letras con palabras que conocen, conocer las letras del abecedario y su orden, y finalmente combinar las letras para formar palabras.

Los juegos de este capítulo tienen como objetivo ayudar a los niños a:
- Reconocer las letras al observar los detalles de sus formas.
- Distinguir las características y las diferencias en la escritura de las letras.
- Desarrollar su comprensión de la relación entre las letras y sus sonidos.
- Mencionar palabras que comienzan con una letra determinada.
- Comparar el orden de los sonidos y las letras en palabras escritas.
- Repasar el orden de las letras en al abecedario.
- Combinar letras para formar palabras.

Puede utilizar los juegos como un recurso para presentar, fortalecer, repasar, o evaluar un concepto o una destreza.

¿CUÁL LETRA SERÁ?

OBJETIVOS

- Reconocer las letras del abecedario a partir de sus formas y características.
- Distinguir las características y las diferencias entre la escritura de las letras.

MATERIALES

- Pizarra y tiza, o papel tamaño papelografo y marcadores.

DESCRIPCIÓN

Los niños necesitan adquirir información visual sobre las secuencias y formas de las letras. Necesitan conocimiento sobre las características de las letras y las diferencias entre ellas. En este juego la maestra escribe por partes las líneas rectas o curvas de una letra. Los niños tratan de descubrir qué letra es a partir de los trazos que va haciendo la maestra. Comience este juego con las vocales. No presente muchas letras a la vez. Es recomendable trabajar las mismas letras varias veces.

Cuando los niños y niñas tienen la oportunidad de observar a un educador escribir una letra, adquieren mayor información sobre las formas de las líneas, la secuencia y la dirección que se utilizan para escribir esa letra.

SECUENCIA

| El educador escribe una línea de la letra. | Los niños intentan predecir la letra. | El educador continua agregando líneas hasta formar la letra. |

PROCEDIMIENTO

1. El educador selecciona una letra y traza una línea de la letra seleccionada, modelando su secuencia y dirección.

2. Los niños intentan predecir la letra a partir de la línea trazada por el educador.

3. El educador continúa agregando las líneas a la letra hasta que los niños acierten la letra y ésta quede completa. Se puede trazar cada línea con un color diferente para que los niños distingan cómo se forman las distintas letras.

VARIACIÓN

Idea para rincón o centro de juegos con letras:

Una vez que los niños conozcan cómo jugar este juego, la maestra les explica que ellos podrán continuar jugándolo en el rincón de juegos con letras si así lo deseen. Pueden jugarlo escribiendo en una pizarrita o con papel y marcadores.

VEO, VEO...
ALGO QUE EMPIEZA CON LA LETRA...

OBJETIVOS

- Identificar el nombre de un objeto a partir de su letra inicial.
- Desarrollar su comprensión de la relación entre las letras y sus sonidos.

DESCRIPCIÓN

Los niños intentan descubrir el objeto que el educador está viendo a partir de la letra inicial del objeto.

SECUENCIA

El educador dice "Veo, veo algo que empieza con la letra ___."	Los niños observan a su alrededor intentando descubrir el objeto.	Se repite el juego con otro objeto.

PROCEDIMIENTO

1. Los niños se sientan en un círculo y la educadora dice: *"Veo, veo algo que empieza con la letra ___."* Dice el nombre de una letra y luego agrega: *"Levanten sus manos si saben qué es"*.

Las primeras veces que juegan la educadora puede decir la letra y pronunciar el sonido de la letra. A medida que los niños tengan más experiencia con el juego y los sonidos de las letras, menciona solamente el nombre de la letra.

2. Los niños observan a su alrededor intentando descubrir el objeto. La maestra da el turno a aquellos que estén levantando sus manos sin gritar la respuesta.

3. Se repite el juego con otro objeto y otra letra inicial. Las primeras veces que jueguen la maestra es la líder que escoge los objetos. En sesiones posteriores, los mismos niños pueden tomar el rol del maestro y liderar el juego.

VARIACIONES

La maestra da pistas

La maestra menciona el sonido inicial y a la vez da una pista. Ejemplo:

"Veo, veo algo que empieza con a letra ´P´ y sirve para jugar."

Jugar en diferentes contextos

El juego se puede jugar en diferentes lugares: en el patio, en una excursión, etc.

Adaptar al eje temático que se esté estudiando

Por ejemplo, si están estudiando sobre los planetas pueden decir *"Estoy pensando en un planeta que empieza con la letra ´S´."*

Los niños toman turnos siendo los líderes del juego

Una vez que los niños hayan jugado varias veces el juego, la maestra puede invitar a que sean los mismos niños y niñas quienes lideren el juego.

MI TÍA VINO DE PARIS

OBJETIVOS

- Desarrollar comprensión de la relación entre las letras con sus sonidos.
- Mencionar palabras que comienzan con una letra determinada.

MATERIAL

- Una pelota o algo suave para lanzar.

DESCRIPCIÓN

Los niños y niñas deben identificar nombres de objetos que comienzan con una letra determinada.

SECUENCIA

| Los niños se sientan en un círculo. | La educadora explica el juego. | La educadora dice: *Mi tía vino de viaje y me trajo cosas que empiezan con la letra __*. | La educadora tira la pelota a un niño. | El niño repite y completa la frase. | El niño vuelve a tirar la pelota a la maestra. | El juego se repite. |

PROCEDIMIENTO

1. Los niños/as se sientan en un círculo. La maestra se sitúa en el centro del círculo.

2. La educadora explica el juego diciendo: *"Yo voy a decir 'Mi tía vino de viaje y me trajo cosas que empiezan con la letra __"*. Explica que según la letra que ella mencione deberán pensar en un objeto que empieza con esa letra y completar la frase.

3. La maestra comienza el juego. Ejemplo:

    "Mi tía vino de viaje y me trajo cosas que empiezan con la letra 'p'".

4. La educadora tira la pelota a un niño (o rueda la pelota si son niños más pequeños).

5. El niño que recibe la pelota repite la frase completándola con una palabra que comience con esa letra. Ejemplo:

    "Mi tía me trajo pelotas".

6. El niño vuelve a tirar (o rodar) la pelota a la educadora.

7. El juego se repite utilizando la misma letra con otros niños hasta que la educadora decida cambiar la letra inicial. Una vez que hayan jugado el juego varias veces pueden utilizar las adaptaciones descriptas abajo.

✱ VARIACIONES

Por turno en una ronda

En esta variación del juego se juega sin pelota. Los niños se sientan en círculo. Inicia la maestra mencionando la letra con la que jugarán. Le sigue el niño sentado a su izquierda y así sucesivamente toman turnos en la ronda para mencionar algo que trajo la tía con la letra mencionada. Cuando alguien se equivoca o cuando se agotan las ideas, la maestra indica otra letra para continuar jugando, continúan desde donde se quedaron en el círculo.

Por turno en el círculo recorren el abecedario

En esta variación del juego, los niños tomarán turnos en ronda, a cada uno le tocará mencionar algo que trajo la tía con una letra diferente del abecedario. La maestra se sienta en el círculo con los niños e inicia el juego con la letra "A". Luego continúa el niño de su izquierda con la letra "B", al niño de la izquierda le toca la letra "C" y así sucesivamente.

Al juego se le puede agregar una variante aún más desafiante, si el niño que está de turno debe recordar primero los otros objetos que mencionaron los demás compañeros en orden alfabético y luego mencionar su objeto según la letra que le toque.

Ejemplo: Al niño que le toca decir algo con la letra "g" debe mencionar todos los demás objetos nombrados por sus compañeros y luego agregar el suyo con la letra "g".

"Mi tía vino de Paris y me trajo una **a**las, un **b**urrito, un **c**aramelo, un **d**elantal, un **e**lefante, una **f**lor, un **g**ato..."

Adaptar a otros ejes temáticos

Se puede modificar el juego según el eje temático que estén trabajando. Ejemplo:

Me fui al supermercado y compré cosas que empiezan con la letra...

Me fui a la playa y vi cosas que empiezan con la letra...

Me fui a la granja y vi cosas que empiezan con la letra...

Viajé en avión y llegué a un país/lugar que empiezan con la letra...

¿DÓNDE DICE...?

OBJETIVOS

- Comparar el orden de los sonidos y las letras en palabras escritas.
- Desarrollar comprensión de la relación entre letra y sonido al comparar el orden de las letras en las palabras.

[Pizarra: 1- GATO, 2- DINOSAURIO, 3- PERRO]

MATERIALES

- Pizarra y marcador o tiza

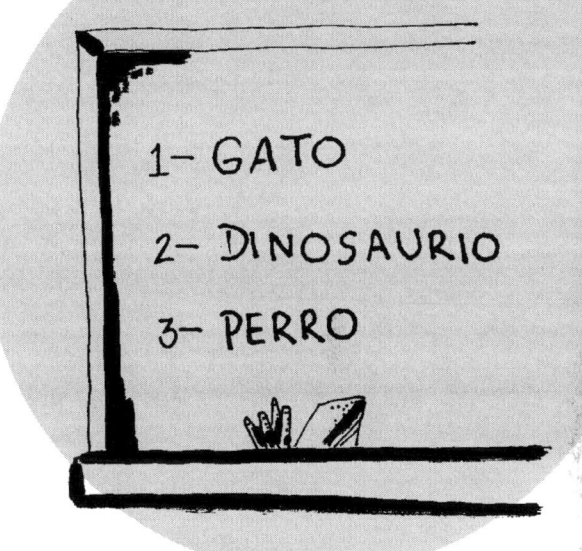

DESCRIPCIÓN

La educadora escribe tres palabras en la pizarra y solicita a los niños a identificar una de ellas. Les guía a observar y descubrir las diferencias y semejanzas de cómo las tres palabras están escritas y les invita a escuchar la secuencia de los sonidos en las palabras.

SECUENCIA

La maestra sitúa a los niños frente y cerca de la pizarra.	La maestra escribe tres palabras en la pizarra.	La maestra les invita a identificar una palabra.	Un niño menciona cómo lo identificó.	Identifican las semejanzas o diferencias entre las palabras.	El juego continua con otras tres palabras.

PROCEDIMIENTO

1. La maestra sitúa a los niños frente y cerca de la pizarra.

Juegos con LETRAS

2. La maestra les explica: *"Voy a escribir tres palabras en la pizarra. Miren bien lo que voy a escribir."* La maestra escribe las tres palabras una debajo de otra. Ejemplo:

   1- Gato
   2- Dinosaurio
   3- Perro

3. La maestra escoge una palabra y pregunta: *¿Dónde dice 'perro'?* Espera a que varios niños levanten la mano e invita a uno a señalar la palabra en la pizarra.

4. Si el niño acierta, le pregunta: *¿Cómo sabes que ahí dice 'perro'?*

   Si el niño no acierta le puede preguntar *¿Por qué piensas que ahí dice 'perro'?* La maestra puede invitar a otro niño que pase a ayudar a su compañero.

5. La maestra les invita a observar en qué son diferentes o en qué se parecen las tres palabras. Esto debe ser muy breve. Con que encuentren una o dos diferencias o semejanzas es suficiente. Recuerde que encontrar diferencias les resulta más fácil en un principio que encontrar semejanzas.

6. El juego continua con otras tres palabras.

VARIACIONES

Palabras que comiencen igual

Se puede agregar dificultades al juego escogiendo palabras que comiencen igual. Ejemplo:

   a) Caballo
   b) Canario
   c) Canguro

Seleccionar palabras relacionadas al tema de estudio

Las palabras que la maestra escribe en la pizarra pueden estar relacionadas con el tema que están estudiando, con un cuento que leyeron o con algún evento de la clase.

LA FIESTA DE LAS LETRAS

OBJETIVOS

- Relacionar las letras con sus sonidos
- Identificar palabras que inicien con una letra determinada.
- Repasar el orden del abecedario.

DESCRIPCIÓN

Este juego consiste en encontrar sustantivos que inician con las diferentes letras del abecedario.

SECUENCIA

| Los niños se sientan en círculo. | La maestra explica el juego. | Por turno, en ronda, los niños mencionan un objeto que empieza con la letra que le tocó. |

PROCEDIMIENTO

1. Los niños se sientan en círculo.

2. La maestra **explica el juego**:

    "Las letras del abecedario estuvieron de fiesta y cada una recibió un regalo digno de su nombre. Yo comenzaré con la letra

A y me seguirá la persona a mi derecha con la letra B, luego el siguiente de la derecha con la siguiente letra del abecedario."
Ejemplo:

>La "**A**" recibió un **a**vión
>La "**B**" recibió un **b**arquito
>La "**C**" recibió un **c**ollar

3. Empieza la maestra con la letra "**A**", le sigue el alumno de su derecha con la letra "**B**" y así continúan sucesivamente los siguientes niños en ronda hasta completar el abecedario.

VARIACIONES

Entregar tarjeta con letras a los niños

En vez de recorrer todo el abecedario, la maestra entrega a cada niño una tarjeta con una letra (puede repetirse la misma letra entre varios niños). Los niños deben mencionar un regalo que empiece con la letra que le tocó.

El cumpleaños de la letra "__"

En vez de jugar con todo el abecedario, la maestra explica que es el cumpleaños de una letra y todos debemos llevarle regalos dignos de su nombre. Por ejemplo:

>"Es el cumpleaños de la letra "**B**", ¿qué regalos podemos llevarle que sea digno de su nombre? (bolígrafo, bote, burro, balanza)

La maestra escribe en la pizarra

La maestra va escribiendo en la pizarra las palabras que los niños van mencionando para cada letra. Al finalizar las leen juntos.

Agregar verbos con la misma letra

Para hacer el juego un poco más desafiante la maestra pide a los niños que agreguen un verbo en infinitivo. Los niños trabajan en parejas y escriben sus oraciones. Ejemplo:

>La "**A**" recibió un **a**vión para **a**terrizar.
>La "**B**" recibió un **b**arquito para **b**ogar en alta mar.
>La "**C**" recibió una **c**ocina para **c**ocinar.

Luego cada pareja lee en voz alta al grupo lo que escribieron para cada letra.

QUIERO A MI MAMÁ

OBJETIVOS

- Identificar adjetivos para describir a una persona.
- Relacionar las letras con sus sonidos.
- Identificar palabras que inicien con una letra determinada.
- Repasar el orden del abecedario.

DESCRIPCIÓN

Los niños y la maestra hacen una lista de adjetivos descriptivos con cada letra del abecedario. Esta actividad pueden realizarla antes de escribir una descripción de su mamá u de otra persona. Ayudará a activará sus conocimientos previos de vocabularios que pueden utilizar en su descripción.

SECUENCIA

| La maestra explica el juego. | Crean colectivamente una lista de adjetivos para cada letra del abecedario. | Releen su lista de adjetivos. |

PROCEDIMIENTO

1. La maestra explica *"En este juego iremos completando la oración ´Amo a mi mamá porque es...´ con palabras que la describan. Recorremos*

el abecedario y con cada letra del abecedario pensaremos en adjetivos, palabras que la puedan describir." Les ofrece los siguientes ejemplos:

*"Amo a mi mamá con **A** porque es **a**morosa y **a**tenta"*
*"Amo a mi mamá con **B** porque es **b**uena, **b**onita y **b**ella."*

2. La maestra invita a los niños a completar oralmente la oración con las siguientes letras del abecedario. Escribe en la pizarra o en un papel grande las palabras y subraya la primera letra. Termina la actividad antes que los niños se inquieten.

3. Releen su lista de adjetivos.

VARIACIONES

Crear la lista en parejas

En vez de crear colectivamente la lista, la maestra modela las primeras dos letras, completan con todo el grupo tres a cuatro letras y las demás la completan en parejas. Al finalizar comparten sus listas.

Cambiar la persona a quién describen

En vez de describir a su mamá pueden utilizar la actividad para describir a otra persona a quien admiran o quieren como:

Admiro a mi papá porque…
Quiero a mi amiga porque…
Amo a mi abuela porque…

Utilizar la lista creada para escribir una descripción de una persona

A partir de la lista creada colectivamente los alumnos escriben una descripción de una persona. Utilizan las palabras de la lista para describirla.

SOPA DE LETRAS

OBJETIVOS

- Combinar letras para formar palabras.
- Relacionar las letras con sus sonidos.

MATERIALES

- Tiza.
- Tarjetas con letras y cinta adhesiva (opcional).
- Lápices y papel (opcional).

DESCRIPCIÓN

Los niños forman palabras a partir de letras sueltas. Este juego puede tener muchas variaciones. Las primeras veces se puede jugar grupalmente. Una vez que los niños conozcan el juego y según su edad pueden jugarlo en parejas o en el rincón de letras. El juego puede relacionarse con el tema que estén estudiando.

SECUENCIA

| La maestra presenta una serie de letras en la pizarra. | Los alumnos forman todas las palabras que puedan a partir de esas letras. | Los alumnos leen en voz alta las palabras que escribieron. |

PROCEDIMIENTO

1. La maestra dibuja un gran plato de sopa en la pizarra y escribe en ella una serie de letras con consonantes y vocales (o coloca con cinta adhesiva tarjetas con letras).

2. Los niños deben combinar esas letras para formar palabras. Sólo pueden utilizar las letras que están en la pizarra. Ejemplo: Si hay una sola "a" no pueden escribir palabras con dos "a". Las primeras veces jueguen el juego colectivamente, los niños pasan a la pizarra y escriben una lista de todas las palabras que puedan crear con esas letras. Ejemplo: Si las letras en el plato de sopa son la: *A, E, I, O, M, S, D, R y L* la lista de palabras que crean podrían ser:

AMOR	DORA	LA
ROSA	SAL	EL
ESO	OSA	SI
ARO	LOMA	REMA

3. La maestra y alumnos leen en voz alta la lista de palabras que escribieron en la pizarra.

VARIACIONES

Jugar individualmente o en parejas

Una vez que conozcan cómo jugarlo pueden jugar en parejas o de manera individual. La maestra les dará un tiempo determinado y en ese tiempo deberán escribir todas las palabras que puedan. Luego comparten su lista de palabras con el grupo.

Crear nuevas palabras a partir de una palabra relacionada al tema de estudio

La maestra escribe en la pizarra una palabra relacionada a algo que han estado estudiando. Los niños utilizan las letras de esa palabra para formar nuevas palabras.

Ejemplo: Si la palabra es "contaminación" los niños podrán formar las siguientes palabras:

```
contaminación
contamina      nota
Mina           mano
canta          con
no             cima
canto          nana
nación
```

Crear nuevas palabras a partir de las letras de sus nombres

Los niños crean nuevas palabras a partir de sus nombres, o a partir del nombre de su mamá o de su papá o de alguien a quien admiran.

Ejemplo: Si el nombre de su papa es "Marcos" los niños podrán formar las siguientes palabras:

```
Marcos
cosa      arco
saco      amo
mar       caso
          marco
```

Sopa de letras para el rincón de juegos con letras

Una vez que los niños hayan jugado el juego grupalmente puede incluir en el rincón un plato hondo como para sopa con tarjetas con letras. Los niños juegan a formar palabras con las letras en el plato de sopa.

RESUMEN DEL CAPÍTULO

Este capítulo presenta juegos con letras. Existen muchos conceptos y habilidades que los niños tienen que desarrollar en cuanto a las letras. Los juegos en este capítulo tienen como objetivo ayudar a los niños a:

- reconocer y distinguir las letras por sus formas y características;
- Reconocer las letras por sus nombres;
- Relacionar a las letras con sus sonidos;
- Identificar y mencionar palabras que comiencen con una letra determinada;
- Comparar el orden de las letras y sus sonidos en las palabras;
- Combinar letras para formar palabras;
- Repasar el orden de las letras en el abecedario

Este capítulo se encuentra hacia el final del libro porque para que un niño empiece a comprender todos estos conceptos y a desarrollar estas habilidades, referente a las letras del abecedario, necesita haber atravesado un largo camino previo de interacción con el lenguaje oral y escrito. Necesita haber tomado conciencia de que el lenguaje oral está compuesto por palabras y las palabras por varios sonidos, que estos se pueden combinar, separar y crear, que lo que hablamos se puede escribir y que lo que está escrito se puede leer. Es este camino previo recorrido lo que permitirá que el aprendizaje de las letras y su relación con los sonidos sea un proceso natural y estimulante. Por el contrario, cuando se enseñan las letras y su relación con los sonidos sin que los niños hayan tenido experiencias previas de interacción con el lenguaje oral y escrito, el aprendizaje de las letras y sonidos se convierte en una experiencia estresante y frustrante para muchos niños. Por esta misma razón, el capítulo de *"Juegos con letras"* se encuentra hacia el final del libro.

MÁS JUEGOS CON CANCIONES Y POEMAS

Las rimas, poesías, trabalenguas y canciones infantiles son para jugar con ellas y disfrutarlas. Jugar con los versos, inventarlos o simplemente recitarlos y cantarlos, son una actividad divertida que estimula el humor, la imaginación y la sensibilidad. Y en el proceso de recitar, cantar, inventar y jugar con versos, sin darse cuenta, aprenden sobre el lenguaje –su estructura, cómo funciona y cómo pueden manipular y combinar sílabas, palabras y sonidos para crear y expresarse a través de ellos.

Muchas veces los maestros presentan poesías o canciones porque está escrito en el programa que deben incluirlas, sin embargo no se sienten muy cómodos con estos géneros literarios. Penosamente terminan enfatizando más en la destreza que en el disfrute de las mismas.

Este capítulo ofrece más ideas de cómo jugar con rimas, poemas, trabalenguas y canciones y cómo un maestro puede utilizar estos géneros literarios con intencionalidad para ayudar a los niños y niñas a profundizar su comprensión sobre el lenguaje oral y escrito y a la vez desarrollar nuevas destrezas de lectura y escritura.

Estos juegos y actividades pueden utilizarse con diferentes niveles y edades, lo que va a variar de nivel a nivel es la complejidad del texto que se esté utilizando o la destreza lingüística que desee enfatizar.

> Si usted disfruta junto con los niños de estos juegos, ellos lo disfrutarán aún más.

COREOGRAFÍAS CON LAS VOCALES

OBJETIVOS

- Disfrutar del lenguaje y la música.
- Desarrollar la **conciencia fonológica** mediante canciones con movimiento.
- Crear un movimiento para cada vocal.

MATERIALES

- Canciones en las que cambian las vocales.
- Opcional: Cd "Juguemos con Sonidos".

DESCRIPCIÓN

Los niños y niñas aprenden una canción en donde las vocales van cambiando. Los niños y la educadora crean un movimiento diferente para cada vocal, creando de esta manera una coreografía. Cantan la canción con los movimientos.

SECUENCIA

| La maestra canta la canción. | Los niños cantan la canción con la maestra. | Forman un círculo. | La educadora les explica lo que van a crear. | La maestra crea el primer movimiento. | Eligen un movimiento para cada vocal. | Cantan la canción con todos los movimientos. |

PROCEDIMIENTO

1. Los niños escuchan a la maestra cantarles una canción en donde las vocales van cambiando.

   Ejemplos de algunas canciones: *"Bada bada"*, *"París se quema"*, *"Tengo una hormiguita"*.

2. Los niños cantan la canción con la maestra.

3. El grupo forma un círculo.

4. La educadora les explica que van a crear una coreografía para la canción. Van a inventar un movimiento para cada vocal.

5. La maestra crea el primer movimiento para la letra "A". Les muestra el movimiento a la vez que canta. Luego invita a los niños a cantar la canción con el movimiento para la vocal "A".

6. La educadora les invita a crear un movimiento para cada vocal. Primero les invita a pensar en un movimiento para la vocal "E". Escogen una de las ideas de algún niño y practican la canción con el movimiento para la vocal "E". Así sucesivamente eligen un movimiento para cada vocal y lo practican.

7. Finalmente cantan la canción con la coreografía creada por el grupo. Cada vocal está representada por un movimiento diferente.

LECTURA COMPARTIDA DE POEMAS Y RIMAS

OBJETIVOS

- Disfrutar el lenguaje oral y escrito - rimas y poemas.
- Leer el texto junto con la educadora.
- Identificar palabras, letras, sílabas, sonidos y rimas en el texto.

MATERIAL

- El poema o la rima escrito en un papel grande.
- Puntero.

DESCRIPCIÓN

En la lectura compartida el educador y los niños leen juntos un texto. Se utiliza un texto con imprenta grande que sea visible para todos los niños. Primero el educador lee en voz alta a medida que señala el texto, modela la lectura oral del poema permitiendo a los niños observar y participar. A medida que la rima o el poema se lee y relee varias veces, los niños se familiarizan con él y participan más activamente de la lectura. A través de las diferentes relecturas del poema el maestro va retirando gradualmente su apoyo y los niños van asumiendo mayor participación en la lectura del mismo.

Las rimas y los poemas seleccionados deben ser sencillos para lograr que el niño se sienta exitoso leyendo. Luego de haber leído el poema varias veces, el educador invita a los niños y las niñas "a jugar" con el lenguaje escrito, a volver a leer el texto con diferentes tonos de voz, ritmos y a inventar melodías para cantarlas.

SECUENCIA

El educador lee el poema con entonación.	El educador lee y los niños repiten.	Los niños leen con el educador.	El educador les invita "a jugar" con el poema.	Los niños identifican partes del texto.

PROCEDIMIENTO

1. El educador invita a los niños a escuchar la lectura del poema. Lee el poema o la rima con mucha entonación, a medida que señala el texto con un puntero.

2. El educador vuelve a leer el poema una segunda vez. En esta oportunidad lee una estrofa y se detiene para que los niños lo repitan. A medida que los niños repiten, señala el texto con el puntero.

3. En la misma o en otra sesión vuelven a leer el poema, esta vez los niños leen junto con el educador. A medida que leen el educador señala el texto con el puntero.

4. El educador les invita "a jugar" con el poema o rima variando el de tono de voz y ritmo. Les puede invitar a:

   - Leer susurrando.
   - Iniciar susurrando y de a poco ir aumentando el volumen de voz.
   - Leer suave y las rimas con voz fuerte.
   - Leer fuerte y las rimas con voz suave.
   - Inventar diferentes ritmos para el poema o la rima.
   - Inventar y agregar movimientos al poema o la rima.
   - Inventar juntos una melodía para la rima o poema. Cantar la rima o poema con la melodía inventada.

5. La educadora invita a los niños a enfocar su atención en detalles del lenguaje escrito como: palabras, sílabas, letras y sonidos en el texto.

   Ejemplo: Señala la palabra_____

   Encuentra una palabra con la letra_____

   Señala una letra con el sonido_____

   Encuentra una palabra que rima con_____

> Este proceso puede durar varias sesiones. Las rimas y poemas son para repetirlas y jugar muchas veces con ellas de distintas maneras. En una sesión el educador puede leer el poema y luego invitar a que los niños repitan después de él. En otra sesión pueden leer junto con el educador. En la próxima, pueden identificar partes del texto después de volverla a leer, etc.

VARIACIONES

Los niños leen el poema sin la maestra

Una vez que hayan leído el poema varias veces, la maestra puede invitar a los niños a leerlo sin ella. Puede continuar señalando con el puntero a medida que leen. La maestra puede invitar a los niños a leer por grupos –los varones, las niñas, los que cumplen años en octubre, etc. Y finalmente, puede invitar a algunos niños que deseen leerlo solos.

Colocar copias de los poemas leídos y aprendidos en la biblioteca del aula

La maestra junto con los niños crean una carpeta o libro de los poemas que han ido leyendo y aprendiendo y los coloca en la biblioteca del aula para que el que quiera volver a leerlos lo pueda hacer. A este libro o carpeta se le puede ir agregando los nuevos poemas que van aprendiendo.

Mantener los poemas en un papelógrafo

La maestra mantiene todos los poemas en un papelógrafo de manera que pueden volver a leer los poemas con frecuencia. Los niños seleccionan cuál poema quieren volver a leer.

Ilustrar los poemas

Los niños crean dibujos para ilustrar el poema que leyeron. La maestra pega las ilustraciones alrededor del poema.

Presentar una nueva rima o poema cada semana

El maestro presenta en el papelógrafo una nueva rima o poema cada semana siguiendo el mismo proceso de la lectura compartida.

♪♫ ¡A LEER CANTANDO! ♪♫

OBJETIVOS

- Disfrutar el lenguaje escrito a través de canciones.
- Leer con la ayuda de la maestra.
- Identificar palabras, letras, sílabas y sonidos en el texto.

MATERIALES

- Letra de la canción escrita en la pizarra o en un papel tamaño papelografo.
- Puntero.
- Opcional: Cd "Sonidos que Juegan".

DESCRIPCIÓN

Las canciones son un excelente recurso para motivar a los estudiantes en la lectura y el disfrute del lenguaje escrito. Así como en una lectura compartida, la maestra y los niños leen el texto, en una primera instancia es el maestro que lee y gradualmente los niños se incorporan y adquieren autonomía en la lectura de la canción. Se utiliza un texto con letras grandes para que sea visible para todos los niños. La maestra utiliza un puntero para señalar el texto a medida que leen y cantan para enfatizar la correspondencia entre la palabra oral y la escrita.

SECUENCIA DE EVENTOS

| La maestra lee la canción. | La maestra lee y los alumnos repiten. | Escuchan la canción. | La maestra canta un verso y los niños repiten. | Cantan la canción de corrido. | Dialogan sobre la canción. | Vuelven a cantar la canción. |

PROCEDIMIENTO

1. La maestra invita a los niños a escuchar la lectura y el ritmo de la canción. Lee la letra de la canción manteniendo el ritmo de la misma. A medida que lee señala el texto con el puntero de manera que los alumnos puedan visualizar la correspondencia entre la palabra oral y cómo se escribe.

2. La maestra lee la letra de la canción una segunda vez, en esta oportunidad se detiene después de cada verso para que los alumnos repitan después de ella. La maestra continúa leyendo cada verso con el ritmo de la canción, para que los niños vayan aprendiendo el ritmo de la misma. Solicita a los niños que cuando repitan, leyendo después de ella, mantengan el mismo ritmo con el cual ella leyó.

3. La maestra les invita a escuchar la canción. La maestra les canta la canción a medida que señala la letra de la misma. Si tienen la canción en un Cd pueden escucharla a medida que la maestra señala el texto con el puntero.

4. La maestra canta una línea de la canción por vez y los niños la repiten.

5. Cantan la canción juntos de corrido. La maestra continúa señalando con el puntero.

6. Los estudiantes y la maestra dialogan sobre el significado de la letra de la canción, sobre la parte que más les gusta. Si el tema de la canción lo permite, la maestra les invita, a través de preguntas abiertas, a realizar conexiones entre sus vidas y la letra de la música. Ejemplo:

a. ¿Qué parte te gusta más? ¿Por qué?
b. ¿Qué querrá decir esta frase?
c. ¿En qué te hace pensar esta canción? ¿Por qué?
d. ¿Cómo te sientes cuando cantas esta canción? ¿Por qué?

7. **Vuelven a cantar la canción.** Pueden repetirla varias veces según el interés de los niños y el tiempo disponible. La repetición les ayudará a aprender la canción.

VARIACIONES

Cacería de palabras, sílabas, letras y sonidos

La maestra invita a los niños a **identificar y señalar partes del texto** como: palabras, sílabas, letras y sonidos en el texto.

Ejemplo:
Encuentra una palabra que rima con _____.
Señala la frase _____.
Señala la palabra _____.
Encuentra una palabra que comienza con la letra _____.
Señala una letra con el sonido _____.
Cuenta cuántas palabras tiene el coro.
Encuentra dos palabras que riman.
Encuentra palabras que comienzan con el mismo grupo consonántico.

Tomar turnos para cantar

Dividan la canción y decidan quiénes cantarán cada parte en grupo o como solistas. Por ejemplo: *"Las niñas cantan una estrofa y los varones cantan la próxima"*.

Crear movimientos o una coreografía para la canción

Cuando los estudiantes se familiaricen con la canción pueden crear y añadirle movimientos corporales a la misma.

POEMAS Y RIMAS REVUELTOS

OBJETIVOS

- Desarrollar su comprensión de que el lenguaje está compuesto por palabras y que el orden en que se digan afecta el sentido.

MATERIALES

- Un poema escrito con letras grandes sobre una cartulina.
- Tijera.

DESCRIPCIÓN

A los niños les toma tiempo desarrollar el concepto de palabra, pues en el lenguaje oral no se distingue fácilmente la separación entre las palabras. En *"Rimas y poemas revueltos"* cada niño recibe una palabra de una rima o poema conocido. Deberán alinearse de modo que puedan recitar la rima o el poema. Cada niño recitará por turno la palabra que le tocó de la rima o poema.

SECUENCIA

La maestra corta el poema palabra por palabra.	La maestra y los niños recitan la primera línea del poema.	Cuentan cuántas palabras tiene la frase.	La maestra asigna una palabra por niño.	Los niños se alinean con la palabra que les tocó.	Cada uno dice en voz alta la palabra que les tocó.	Se repite el proceso con todas las líneas del poema.

PROCEDIMIENTO

1. La maestra selecciona una rima o un poema conocido por los niños, que contenga aproximadamente la misma cantidad de palabras que niños de la clase, para que todos puedan participar. Corta el poema palabra por palabra.

2. La maestra y los niños recitan la primera línea del poema.

3. La maestra invita a los niños a contar cuántas palabras tiene la primera frase.

4. La maestra elige la misma cantidad de niños según la cantidad de palabras en la primera frase y entrega a cada uno una palabra. Ejemplo:

    "Esta primera frase contiene seis palabras, necesitaremos seis niños. A cada niño le voy a dar una palabra de esta primera frase del poema."

5. Los niños se alinean en orden, de izquierda a derecha según la palabra que les tocó.

6. Para recitar la línea del poema o la rima, cada niño dice en voz alta la palabra que les tocó.

7. Se repite el mismo proceso para cada línea del poema. Después que todas las líneas hayan sido asignadas pide a los niños que reciten todo el poema en orden. Cada niño recita la palabra que le tocó.

VARIACIONES

De derecha a izquierda

La maestra pide a los niños de una línea que digan en voz alta la palabra que les tocó empezando de derecha a izquierda (observarán que la línea cambia su sentido). Pueden entonces dialogar sobre qué pasa cuando cambiamos el orden de las palabras – cambia el sentido de lo que está escrito.

Palabras revueltas en la línea

La maestra solicita a los niños de una línea que se coloquen en cualquier orden y luego les pide que lean en voz alta su palabra de izquierda a derecha (observarán que la frase no tiene sentido). Esto les permite observar que el sentido cambia según el orden de las palabras.

Poemas revueltos en el rincón de lenguaje

Se puede realizar una variación de esta actividad en el rincón de lenguaje. Se guardan en un sobre las palabras de una rima o poema corto. Los niños deben sacar las palabras del sobre y armar el poema colocando las palabras en orden. Si se tiene un cartel con bolsillos, los niños pueden ir armando el poema en él. Después de jugar, guardan las palabras nuevamente en el sobre. Con poemas más largos se pueden cortar los poemas por frases en vez de palabras por palabras.

CLOZE DE POEMAS Y CANCIONES

OBJETIVOS

- Aplicar las claves grafofónicas, sintácticas y semánticas dadas por el contexto para completar las palabras que faltan.

MATERIALES

- La canción escrita con letras grandes y con espacios en blanco.
- Tarjetas.
- Marcador grueso.
- Cinta adhesiva.
- Opcional: Cd "Sonidos que Juegan".

Texto en la imagen:
A MI BURRO, A MI BURRO
LE DUELE LA _____
EL MÉDICO LE HA PUESTO
UNA CORBATA _____
UNA CORBATA NEGRA
// MI BURRO ENFERMO ESTÁ //
A MI BURRO, A MI _____
LE DUELE LA GARGANTA
EL MÉDICO LE HA PUESTO
UNA CORBATA _____
UNA CORBATA BLANCA
// MI BURRO ENFERMO ESTÁ //

DESCRIPCIÓN

El cloze consiste en la presentación de un texto escrito al cual se le han borrado algunas palabras y el lector debe completarlas. Las palabras omitidas son reemplazadas por un espacio en blanco. El lector debe deducir cuál es la palabra omitida a partir de las claves sintácticas y semánticas dadas por el contexto. Los niños deben poner atención a las claves que aporta el texto para descubrir las palabras que faltan de una manera natural y divertida.

Con niños pequeños un maestro puede presentar una actividad de cloze utilizando poemas y canciones que ellos ya conocen. Los niños reciben tarjetas con las palabras que fueron omitidas, a medida que recitan el poema o cantan la canción deberán ir colocándolas en el espacio indicado para poder continuar recitando o cantando.

SECUENCIA

La maestra presenta un texto conocido con espacios en blanco.	La maestra entrega tarjetas con las palabras que faltan.	La maestra les explica en qué consiste la actividad.	Los niños pasan a pegar su tarjeta en el espacio indicado.	Vuelven a leer el poema o cantar la canción con todos los espacios llenos.

PROCEDIMIENTO

1. La maestra presenta la letra de un poema o una canción que los niños ya conocen. El texto está escrito con letras grandes para que todos lo puedan leer. El texto contiene espacios en blanco que representan palabras que fueron omitidas. Con niños pequeños las palabras omitidas pueden ser sustantivos o verbos.

2. La maestra entrega tarjetas con las palabras que fueron omitidas a algunos niños.

3. La maestra les explica que a medida que reciten el poema o canten la canción se encontrarán con espacios en blanco y que no podrán continuar recitando o cantando hasta que el niño que tiene la tarjeta con esa palabra la coloque en el espacio indicado.

4. Empiezan a recitar el poema o cantar la canción. Cuando se encuentran con un espacio en blanco, el niño que tiene la tarjeta con la palabra que falta rápidamente pasa a la pizarra o al papelógrafo a pegar su tarjeta en el espacio indicado (la maestra deberá tener cinta adhesiva preparada para que lo puedan pegar rápidamente). No pueden continuar recitando o cantando hasta que el espacio en blanco haya sido completado con la palabra acertada.

5. Una vez que hayan llenado todos los espacios en blanco, vuelven a leer el poema o cantar la canción con todos los espacios llenos.

INVENCIÓN DE TRABALENGUAS

OBJETIVO

- Desarrollar conciencia fonémica.
- Identificar fonemas y escribir palabras que comiencen con la misma letra o sonidos.
- Crear un trabalenguas basado en una aliteración.

MATERIALES

- Pizarra y tiza o marcador de pizarra.
- Lápiz y papel.

DESCRIPCIÓN

Un trabalenguas es una frase, oración o verso que es difícil decirla rápido, porque contiene una secuencia de sonidos muy similares. Son juegos de palabras y con frecuencia se crean con aliteraciones. **La aliteración** es la repetición de sonidos, sobre todo de consonantes, al principio de palabras o de sílabas acentuadas. Ejemplos:

> «*Cuando cuentes cuentos*
> *cuenta cuántos cuentos cuentas*
> *porque cuando cuentas cuentos*
> *nunca sabes cuántos cuentos cuentas*»

> «*Pancha plancha*
> *con cuatro planchas*
> *¿Con cuántas planchas*
> *Pancha plancha?*»

Los trabalenguas y aliteraciones son medios para jugar con sonidos, letras y sílabas. En esta estrategia los niños y la maestra crean primero un trabalenguas grupalmente con palabras que comienzan con el mismo sonido al principio de la palabra. Luego cada niño crea su propio trabalenguas y lo comparte con todo el grupo.

SECUENCIA

La maestra propone una letra o sonido.	Crean una lista de palabras que empiezan con esa letra / sonido.	Juntos crean un trabalenguas a partir de la lista creada.	Los niños inventan y escriben sus propios trabalenguas.	Comparten con el grupo.	Los demás tratan de decirla rápido sin trabarse.

PROCEDIMIENTO

1. La maestra elige la letra o grupo consonántico (bl, cl, gr, tr, etc.) con el cual van a crear un trabalenguas. Hay que recordar que existen letras que en instancias pueden tener el mismo sonido (la "k" y "c", la "s" y la

"c"). Por ejemplo la "C" suena diferente en casa y en cine. La "C" y la "S" a veces suenan iguales como en "cisne" y "silla". Por eso es importante enfocar en el sonido sobre el cual se va a crear el trabalenguas.

2. Crean una lista de palabras que empiezan con esa letra/sonido. La maestra escribe en la pizarra las palabras que los niños van mencionando.

3. Utilizan la lista de palabras para crear un trabalenguas todos juntos. La maestra guía el proceso escribiendo en la pizarra las ideas de los niños. Cada palabra o casi cada palabra del trabalenguas debe comenzar con la misma letra o el mismo grupo consonántico.

4. Vuelven a leer el trabalenguas que crearon. La maestra les desafía a repetirlo varias veces bien rápido sin trabarse.

5. Los niños crean en parejas o individualmente sus propios trabalenguas realizando los mismos pasos previos hechos en grupo. Los niños que necesitan más apoyo en el proceso se sienten más seguros creando con una pareja. Esta parte de la actividad no es necesaria realizar el mismo día, se puede realizar otro día o en otro momento.

6. Los niños comparten su trabalenguas. Los compañeros tratan de decirla con velocidad sin trabarse. Se recomienda que no todos compartan su trabalenguas el mismo día para que los niños puedan estar atentos y disfrutar la creación de sus compañeros y esta no se convierta en una actividad larga y cansadora. Cada día algunos niños pueden leer sus trabalenguas hasta que todos hayan tenido la oportunidad de compartirla.

VARIACIONES

Con niños más pequeños

Pueden crear trabalenguas utilizando palabras inventadas. Sus aliteraciones no tendrán mucho sentido pero les resultará muy gracioso. Luego de inventar sus trabalenguas el maestro les desafía a repetirlas tres a cuatro veces bien rápido sin trabarse.

RESUMEN DEL CAPÍTULO

Las rimas, poemas, trabalenguas y canciones fueron creados para disfrutarlas, para estimular el humor, la imaginación y la sensibilidad. Lastimosamente muchas veces en los salones de clase se utiliza meramente para enfatizar una destreza dejando de lado el disfrute de las mismas. El capítulo presenta ideas de cómo jugar con poemas, trabalenguas y canciones y utilizar estos géneros literarios con intencionalidad para enfatizar el disfrute de los mismos y a su vez ayudar a los alumnos a profundizar su comprensión del lenguaje oral y escrito, y a adquirir nuevas destrezas de lectura y escritura.

Los juegos y actividades presentados pueden utilizarse con diferentes niveles y edades, lo que varía en cada nivel es la complejidad del texto que se esté utilizando o la destreza lingüística que se desee enfatizar.

CONCLUSIÓN

Espero que por medio de este libro, estimado maestro y estimada maestra, haya descubierto nuevas posibilidades para interactuar con sus niños y niñas, experimentado nuevas formas de enseñar, haya ampliado su repertorio de juegos lingüísticos y se haya convertido en un maestro que enseña jugando.

Todos estos juegos y actividades quedan a su disposición para utilizarlos en diferentes momentos del horario escolar – en el momento del encuentro mañanero o rutina, como parte de una lección, en momentos de transición de una actividad a otra, en el momento de centros o rincones, en el patio, o en una excursión. Puede decidir utilizarlos para presentar conceptos y/o habilidades nuevas, para afirmarlos o para evaluarlos.

Seleccione los juegos tomando en cuenta las necesidades de sus alumnos y sus conocimientos previos para poder sacar el mayor provecho de ellos.

Es mi deseo que se apropien de los juegos y las variaciones presentados en este libro, y a partir de ellos creen nuevas variaciones y nuevos juegos, ampliando de esta manera aún más el repertorio de juegos en sus clases. Estoy segura que aquellos juegos que seleccionen, apliquen y creen les ayudarán a dinamizar sus clases, a fortalecer las habilidades lingüísticas en sus niños y niñas, y a encontrar nuevas razones para gozar el ser educadores.

FUENTES CONSULTADAS

Introducción

Adams, M.J., Forman B.R., Lundberg, I y Beeler, T. (1998). *Phonemic Awareness in Young Children: A Classroom Curriculum.* Baltimore: Brookes Publishing.

Carter Galland, Y. (2003). *Tejiendo Creatividad: Un Tapiz para la Lectoescritura.* Puerto Rico. Tésis en la Universidad de Puerto Rico de Río Piedras.

Chapman, M. *Phonemic Awareness Claryfing what we Know.* In Literacy Teaching and Learning. Volume 7, Numbers 1 & 2.

Hill, S. (1999). *Phonics.* York: Stenhouse Publishers.

International Reading Association & the National Association for the Education of the Young Children (2009). *Learning to Read and Write: Developmentally Appropriate Practices for Young Children,* pt. 1. [en línea]. Fecha consultada [16 de abril 2014]. Disponible en: https://oldweb.naeyc.org/about/positions/psread1.asp

International Reading Association (1998). *Phonemic Awareness and the Teaching of Reading. A position statement from the Board of Directors of the International Reading Association.* Newark, Delaware: International Reading Association.

Roskos, K. A. Christie, J. F, y Richgels, D. J. (2003). *The essentials of early literacy Instruction* [en línea]. Fecha de consulta: [16 de julio 2014]. Disponible en: www.naeyc.org/resources/journal.

Yopp, H. K. y Yopp, R. H. (2009). *Phonological Awareness is Child´s Play.* Beyond the Journal. Young Children in the web. Enero 2009 [en línea]. Fecha de consulta: [16 de julio 2014]. Disponible en: www.naeyc.org

Capítulo I: Juegos con sus nombres

Adams, M.J., Forman B.R., Lundberg, I y Beeler, T. (1998). *Phonemic Awareness in Young Children: A Classroom Curriculum.* Baltimore: Brookes Publishing.

Carter, Y. & Misiego, P. (2008). *Didáctica de la Lengua Materna. Profesionalización y especialización en educación inicial.* Asunción: Ministerio de Educación y Cultura.

Carter, Y., Cruz, L., Molina, C., Nieves, S. & Vazquez, M. (2006). *Compendio de estrategias de lectura y escritura.* Puerto Rico: Rocket Learning.

El juego *"Estoy pensando..."* está adaptado de Adams, Forman, Lundberg, y Beeler, (1998:62) y Carter, Y. & Misiego, P. (2008:53), los juegos *"Son iguales, son diferentes"* están basados en Carter, Y. & Misiego, P. (2008: 55-56), *"Rimando nombres"* es una adaptación de Carter, Y. & Misiego, P. (2008: 57).

Capítulo II: Juegos con rimas

Adams, M.J., Forman B.R., Lundberg, I y Beeler, T. (1998). *Phonemic Awareness in Young Children: A Classroom Curriculum.* Baltimore: Brookes Publishing.

Batema, C. Traducido por González Ménez, C. D. *La importancia de usar rimas infantiles para aprender idiomas* [en línea]. Fecha de la consulta [16 de Julio 2014]. Disponible en: http://www.ehowenespanol.com/importancia-rimas-infantiles-aprender-idiomas- info_191481/

Chapman, M. *Phonemic Awareness Claryfing what we Know.* In Literacy Teaching and Learning. Volume 7, Numbers 1 & 2

Hill, S. (1999). *Phonics.* York: Stenhouse Publishers.

International Reading Association (1998). *Phonemic Awareness and the Teaching of Reading. A position statement from the Board of Directors of the International Reading Association.* Newark, Delaware: International Reading Association.

Invernizzi, M. & Meier, J. & Juel, C. (2000). PALS: *Phonological awareness literacy screening 1 – 3.* Charlottesville, VA: University Press.

Kelly, Clare. *Rimas de acción y la importancia de rimar* [en línea]. Fecha consultada [16 de julio 2014]. Disponible en: http://www.cbeebies.com/lat-am/grown-ups/helpful- articles ?article=rimas-de-accion-y-la-importancia-de-rimar

Roskos, K. A. Christie, J. F, y Richgels, D. J. (2003). *The essentials of early literacy Instruction* [en línea]. Fecha de consulta: [16 de julio 2014]. Disponible en: www.naeyc.org/resources/journal.

Ruiz, D. (2003). *La alfabetización temprana en el ambiente pre-escolar. Nuevas perspectivas para aprender a leer y escribir.* Puerto Rico.

Yopp, H. K. y Yopp, R. H. (2009). *Phonological Awareness is Child´s Play.* Beyond the Journal. Young Children in the web. Enero 2009 [en línea]. Fecha de consulta: [16 de julio 2014]. Disponible en: www.naeyc.org

"Poemas con rimas" está adaptado de (Adams, Forman, Lundberg, y Beeler (1998:30), Carter, Y., Cruz, L., Molina, C., Nieves, S. & Vázquez, M. (2006:48) y Ruiz, D. (2003:151-152). *"Canciones con rimas"* está adaptado de (Adams, Forman, Lundberg, y Beeler, (1998:30) y Super Simple Learning [en línea]. *"Rayuela de rimas"* es una adaptación de Invernizzi, M. & Meier, J. & Juel, C. (2000:52). *"Completa con una rima"* está adaptado de Adams, Forman, Lundberg, y Beeler (1998:34-35) y Carter, Y., Cruz, L., Molina, C., Nieves, S. & Vazquez, M. (2006:15). El tren de rimas es una adaptación de Adams, Forman, Lundberg, y Beeler (1998:36).

Capítulo III: Juegos con sílabas

Adams, M.J., Forman B.R., Lundberg, I y Beeler, T. (1998). *Phonemic Awareness in Young Children: A Classroom Curriculum.* Baltimore: Brookes Publishing.

Invernizzi, M. & Meier, J. & Juel, C. (2000). PALS: *Phonological awareness literacy screening 1 – 3.* Charlottesville, VA: University Press.

El juego *"Escoge de la caja"* está basado en Adams, Forman, Lundberg, y Beeler (1998:51), el juego *"Rayuela de sílabas"* está adaptado de Invernizzi, M. & Meier, J. & Juel, C. (2000:52), *"Marcianos traen regalos"* está adaptado de Adams, Forman, Lundberg, y Beeler (1998:56).

Capítulo IV: Juegos con sonidos iniciales y finales

Adams, M.J., Forman B.R., Lundberg, I y Beeler, T. (1998). *Phonemic Awareness in Young Children: A Classroom Curriculum.* Baltimore: Brookes Publishing.

Carter, Y. & Misiego, P. (2008). *Didáctica de la Lengua Materna. Profesionalización y especialización en educación inicial.* Asunción: Ministerio de Educación y Cultura.

Carter, Y., Cruz, L., Molina, C., Nieves, S. & Vázquez, M. (2006). *Compendio de estrategias de lectura y escritura.* Puerto Rico: Rocket Learning.

El juego *"Veo, veo…"* está basado en Carter, Y. & Misiego, P. (2008:53), *"Jugando con trabalenguas"* está adaptado de Carter, Y., Cruz, L., Molina, C., Nieves, S. & Vázquez, M. (2006:47), *"Suenan igual al comenzar"* es una adaptación de Adams, Forman, Lundberg, y Beeler (1998:61) y Carter, Y., Cruz, L., Molina, C., Nieves, S. & Vázquez, M. (2006:4), *"El barco está cargado con…"* es una adaptación de Adams, Forman, Lundberg, y Beeler (1998:36) y Carter, Y., Cruz, L., Molina, C., Nieves, S. & Vázquez, M. (2006:17).

Capítulo V: Juegos con letras

Bernal Arroyave, G. (1997). *La fiesta de las palabras: Cien juegos creativos con palabras.* Bogotá: Magisterio.

Carter, Y., Cruz, L., Molina, C., Nieves, S. & Vázquez, M. (2006). *Compendio de estrategias de lectura y escritura.* Puerto Rico: Rocket Learning.

Hill, S. (1999). *Phonics.* York: Stenhouse Publishers.

Schickedanz, J. (1999). *Much more tan ABC´s: The Early Stages of Reading and Writing.* Washington, D.C.: NAEYC.

El juego *"¿Cuál letra será?"* está basado en Schickedanz, J. (1999:110), *"La fiesta de las letras"* está adaptado de Bernal (1997:14), *"Quiero a mi mamá"* está adaptado de Bernal (1997:17) y Carter, Y., Cruz, L., Molina, C., Nieves, S. & Vázquez, M. (2006:13), *"Sopa de letras"* está basado en Bernal (1997:53) y Carter, Y., Cruz, L., Molina, C., Nieves, S. & Vázquez, M. (2006:26 - 28).

Capítulo VI: Más juegos con poemas y canciones

Adams, M.J., Forman B.R., Lundberg, I y Beeler, T. (1998). *Phonemic Awareness in Young Children: A Classroom Curriculum.* Baltimore: Brookes Publishing.

Benson Robertson. B. (2011). *How to Teach Children A New Song* [en línea]. Fecha de la consulta [16 de Julio 2014]. Disponible en: http://childrensministryideasunlimited. blogspot. de/2011/01/making-music-come-alive-for-children.html

Carter, Y. & Misiego, P. (2008). *Didáctica de la Lengua Materna. Profesionalización y especialización en educación inicial.* Asunción: Ministerio de Educación y Cultura.

Carter, Y., Cruz, L., Molina, C., Nieves, S. & Vazquez, M. (2006). *Compendio de estrategias de lectura y escritura.* Puerto Rico: Rocket Learning.

International Reading Association & the National Association for the Education of the Young Children (2009). *Learning to Read and Write: Developmentally Appropriate Practices for Young Children,* pt. 1. [en línea]. Fecha consultada [16 de abril 2014]. Disponible en: https://oldweb.naeyc.org/about/positions/psread1.asp

International Reading Association (1998). *Phonemic Awareness and the Teaching of Reading. A position statement from the Board of Directors of the International Reading Association.* Newark, Delaware: International Reading Association.

Parkes, B. (2000). *Read it Again! Revisiting Shared Reading.* Portland: Stenhouse Publishers.

Roskos, K. A. Christie, J. F, y Richgels, D. J. (2003). *The essentials of early literacy Instruction* [en línea]. Fecha de consulta: [16 de julio 2014]. Disponible en: www.naeyc.org/resources/journal.

Robleda, M. (1989). *Trabalenguas, colmos, tantanes, refranes, y un pilón de Margarita Robleda Moguel.* Mexico D.F.: Sistemas Técnicos de Edición.

Ruiz, D. (2003). *La alfabetización temprana en el ambiente pre-escolar. Nuevas perspectivas para aprender a leer y escribir.* Puerto Rico.

Super Simple Learning. *How do I teach a new song?* [en línea]. Fecha de consulta: [16 de julio 2014]. Disponible en: http://supersimplelearning.com/resourcecenter/teaching-tips/how-to-introduce-a-new-song/

Yopp, H. K. y Yopp, R. H. (2009). *Phonological Awareness is Child´s Play.* Beyond the Journal. Young Children in the web. Enero 2009 [en línea]. Fecha de consulta: [16 de julio 2014]. Disponible en: www.naeyc.org

La estrategia de *"La lectura compartida de poemas y rimas"* está basado en Adams, Forman, Lundberg, y Beeler (1998:51), Carter, Y., Cruz, L., Molina, C., Nieves, S. & Vázquez, M. (2006:47), Ruiz, D. (2003:151-152) y Parkes, B. (2000:16, 26). *"Leer cantando"* está tomado y adaptado de Carter, Y., Cruz, L., Molina, C., Nieves, S. & Vázquez, M. (2006:49), Ruiz, D. (2003:151-152) y Super Simple Learning [en línea], *"Poemas y rimas revueltos"* está tomado de Adams, Forman, Lundberg, y Beeler (1998:47).

BIBLIOGRAFÍA

Adams, M.J., Forman B.R., Lundberg, I y Beeler, T. (1998). *Phonemic Awareness in Young Children: A Classroom Curriculum*. Baltimore: Brookes Publishing.

Allen, J. (2000). *Yellow Brick Roads. Shared and Guided Paths to Independent Reading*. Portland: Stenhouse Publishers.

Batema, C. Traducido por González Ménez, C. D. *La importancia de usar rimas infantiles para aprender idiomas* [en línea]. Fecha de la consulta [16 de Julio 2014]. Disponible en: http://www.ehowenespanol.com/importancia-rimas-infantiles-aprender-idiomas- info_191481/

Benson Robertson. B. (2011). *How to Teach Children A New Song* [en línea]. Fecha de la consulta [16 de Julio 2014]. Disponible en: http://childrensministryideasunlimited.blogspot.de/2011/01/making-music-come-alive-for-children.html

Bernal Arroyave, G. (1997). *La fiesta de las palabras: Cien juegos creativos con palabras*. Bogotá: Magisterio.

Carter, Y. & Misiego, P. (2008). *Didáctica de la Lengua Materna. Profesionalización y especialización en educación inicial*. Asunción: Ministerio de Educación y Cultura.

Carter, Y., Cruz, L., Molina, C., Nieves, S. & Vazquez, M. (2006). *Compendio de estrategias de lectura y escritura*. Puerto Rico: Rocket Learning.

Carter Galland, Y. (2003). *Tejiendo Creatividad: Un Tapiz para la Lectoescritura*. Puerto Rico. Tésis en la Universidad de Puerto Rico de Río Piedras.

Chapman, M. *Phonemic Awareness Claryfing what we Know*. In Literacy Teaching and Learning. Volume 7, Numbers 1 & 2

Hill, S. (1999). *Phonics*. York: Stenhouse Publishers.

International Reading Association & the National Association for the Education of the Young Children (2009). *Learning to Read and Write: Developmentally Appropriate Practices for Young Children*, pt. 1. [en línea]. Fecha consultada [16 de abril 2014]. Disponible en: https://old-web.naeyc.org/about/positions/psread1.asp

International Reading Association (1998). *Phonemic Awareness and the Teaching of Reading. A position statement from the Board of Directors of the International Reading Association. Newark,* Delaware: International Reading Association.

Invernizzi, M. & Meier, J. & Juel, C. (2000). PALS: *Phonological awareness literacy screening 1 – 3*. Charlottesville, VA: University Press.

Kelly, Clare. *Rimas de acción y la importancia de rimar* [en línea]. Fecha consultada [16 de julio 2014]. Disponible en: http://www.cbeebies.com/lat-am/grown-ups/helpful- articles ?article=rimas-de-accion-y-la-importancia-de-rimar

Parkes, B. (2000). *Read it Again! Revisiting Shared Reading*. Portland: Stenhouse Publishers.

Roskos, K. A. Christie, J. F, y Richgels, D. J. (2003). *The essentials of early literacy Instruction* [en línea]. Fecha de consulta: [16 de julio 2014]. Disponible en: www.naeyc.org/resources/journal.

Ruiz, D. (2003). *La alfabetización temprana en el ambiente pre-escolar. Nuevas perspectivas para aprender a leer y escribir*. Puerto Rico.

Schickedanz, J. (1999). *Much more tan ABC´s: The Early Stages of Reading and Writing*. Washington, D.C.: NAEYC.

Super Simple Learning. *How do I teach a new song?* [en línea]. Fecha de consulta: [16 de julio 2014]. Disponible en: http://supersimplelearning.com/resourcecenter/teaching -tips/how-to-introduce-a-new-song/

Yopp, H. K. y Yopp, R. H. (2009). *Phonological Awareness is Child´s Play*. Beyond the Journal. Young Children in the web. Enero 2009 [en línea]. Fecha de consulta: [16 de julio 2014]. Disponible en: www.naeyc.org

Robleda, M. (1989). *Trabalenguas, colmos, tantanes, refranes, y un pilón* de Margarita Robleda Moguel. Mexico D.F.: Sistemas técnicos de Edición.

Robleda, M. (1989). *Trabalenguas, colmos, tantanes, refranes, y un pilón de Margarita Robleda Moguel*. Mexico D.F.: Sistemas Técnicos de Edición.

Materiales que acompañan los juegos de este libro

Cuando veas este icono en los juegos indica que podés usar de manera opcional los diferentes sets de tarjetas disponibles en www.educandoconexito.com

Cada vez que veas este icono en los juegos indica que podés usar de manera opcional el cd "Sonidos que juegan" disponible también en www.educandoconexito.com

Otros títulos de Yvette Carter Galland

Disponible en
www.educandoconexito.com

Made in the USA
Middletown, DE
25 July 2015